CW01637541

DON QUIJOTE DE LA MANCHA

(Extractos)

Don Quichotte de la Manche

(*Extraits*)

POCKET

Langues pour tous

Collection dirigée par Jean-Pierre Berman, Michel Marcheteau et Michel Savio

ESPAGNOL

❑ Pour être opérationnel rapidement :
- **L'espagnol tout de suite !** (CD)
- **L'espagnol tout de suite ! Série Mains Libres (100 % audio)** (CD)

❑ Pour s'initier avec un « tout en un » :
- **40 leçons pour parler espagnol** (CD)

❑ Pour connaître l'environnement :
- **L'espagnol au quotidien**

❑ Pour mieux comprendre :
- **Se perfectionner en espagnol** (CD)

❑ Pour évaluer et améliorer votre niveau :
- **200 tests**

❑ Pour aborder la langue spécialisée :
- **L'espagnol économique et commercial** (20 dossiers)
- **Dictionnaire économique, commercial et financier**

❑ Pour s'aider d'ouvrages de référence :
- **Grammaire espagnole à 1,50 €**
- **Vocabulaire de l'espagnol à 1,50 €**
- **Civilisation espagnole à 1,90 €**
- **Correspondance pratique**

❑ Pour prendre contact avec des œuvres en version originale :
- **Série bilingue :**

Cervantès (M. de) :
- Don Quichote de la Manche

Borges (Jorge Luis) :
- Histoire universelle de l'infamie

Nouvelles espagnoles contemporaines :

Nouvelles hispano-américaines :
- Vol. I - Des Andes aux Caraïbes
- Vol. II - Rêves et Réalités

M. V. Montalbán
- Vu des toits
- Contes
- 300 blagues espagnoles et hispano-américaines

(CD) = Existence d'un coffret : Livre + CD

Attention : Les CD ne peuvent être vendus séparément du livre.

➨ Le livre seul est disponible.

Autres langues disponibles dans les séries de la collection **Langues pour tous :**
ALLEMAND - ANGLAIS - AMÉRICAIN - ARABE - CHINOIS - FRANÇAIS - GREC - HÉBREU - ITALIEN - JAPONAIS LATIN - NÉERLANDAIS - OCCITAN - POLONAIS - PORTUGAIS - RUSSE - TCHÈQUE - TURC - VIETNAMIEN

MIGUEL DE CERVANTÈS

DON QUIJOTE DE LA MANCHA

(Extractos)

Don Quichotte de la Manche

(Extraits)

Choix, traduction et notes par
Marie Ménéchal
Agrégée de l'Université

7e édition

POCKET

MIXTE
Papier issu de sources responsables
FSC® C003309

Pocket, une marque d'Univers Poche, est un éditeur qui s'engage pour la préservation de son environnement et qui utilise du papier fabriqué à partir de bois provenant de forêts gérées de manière responsable.

Marie Ménéchal, agrégée d'espagnol, a enseigné au Lycée Bernard Palissy de Saintes (17), puis au lycée de la vallée de Cheveuse, à Gif-sur-Yvette (91).
En 2000, elle a traduit *Énergie nucléaire : danger pour l'environnement ou solution pour le XXIe siècle* de Fidel Castro Díaz-Balart (Cuba).

Le Code de la propriété intellectuelle n'autorisant aux termes de l'article L. 122-5 (2e et 3e a), d'une part, que les « copies ou reproductions strictement réservées à l'usage privé du copiste et non destinées à une utilisation collective » et, d'autre part, que les analyses et les courtes citations dans un but d'exemple ou d'illustration, « toute représentation ou reproduction intégrale ou partielle faite sans le consentement de l'auteur ou de ses ayants droit ou ayants cause est illicite » (art. L. 122-4).

Cette représentation ou reproduction, par quelque procédé que ce soit, constituerait donc une contrefaçon sanctionnée par les articles L. 335-2 et suivants du Code de la propriété intellectuelle.

© 2007 – Pocket – Langues pour Tous,
© 2015 pour cette nouvelle édition
Département d'Univers Poche pour cette présente édition
ISBN : 978-2-266-16922-6

Sommaire

■ Comment utiliser la série bilingue 7
■ Présentation 8
■ Avertissement au lecteur 10

Premier extrait : *Qui traite de la nature et des occupations du fameux gentilhomme don Quichotte de la Manche* 11

Deuxième extrait : *Qui traite de la première sortie de l'ingénieux don Quichotte hors de ses terres*.. 27

Troisième extrait : *Du brillant succès que le valeureux don Quichotte connut lors de l'épouvantable et inimaginable aventure des moulins à vent*.... 47

Quatrième extrait : *Des sages discours que Sancho et son maître échangeaient et de l'aventure qu'ils connurent* 61

Cinquième extrait : Lettre de don Quichotte à Dulcinée et compte rendu par Sancho Panza de sa visite 79

Sixième extrait : *Des savoureux discours échangés entre don Quichotte et Sancho Panza* 95

Septième extrait : *De la conversation drôle et sage qu'eurent Sancho Panza et sa femme* 105

Huitième extrait : *De l'arrivée de Clavileño, et de la fin de cette longue aventure* 119

Neuvième extrait : *Comment le grand Sancho Panza prit possession de son île et fit ses débuts de gouverneur* 143

Annexe I : Cervantès et son temps 161

Annexe II : Lexique 169

Principales abréviations

adj.	adjectif qualificatif
adv.	adverbe
arch.	archaïque
art.	article
auj.	aujourd'hui
aux.	auxiliaire.
c. à d.	c'est-à-dire
compl.	complément
c. o. d.	complément d'objet direct
c. o. ind.	complément d'objet indirect
cond.	conditionnel
conj.	conjonction
contr.	contraire
def.	défini
diff.	différent de
dem.	démonstratif
dim.	diminutif
ex.	exemple
expr.	expression
fam.	familier
f.	féminin
fig.	figuré
fut.	futur
ger.	gérondif
gr.	grammaire
imp.	imparfait
imper.	impératif
ind.	indéfini
inf.	infinitif
indic.	indicatif
litt.	littéraire
loc.	locution
masc.	masculin
m. à m.	mot à mot
n.	nom
p.	personne
pers.	personnel
pl.	pluriel
pl. que	plus-que-
parf.	parfait
poss.	possessif
pp.	participe passé
ppr.	participe présent
pref.	préfixe
prép.	préposition
prés.	présent
prét.	prétérit
pron.	pronom
p. us.	peu usité
qqch.	quelque chose
qqn.	quelqu'un
rel.	relatif
s.	siècle
sing.	singulier
subst.	substantif
subj.	subjonctif
syn.	synonyme
v.	verbe
v. aux.	verbe auxiliaire
v. intr.	verbe intransitif
v. pr.	verbe pronominal
v. tr.	verbe transitif
orth.	orthographe

Comment utiliser la série « Bilingue »

Cet ouvrage de la série « Bilingue » permet aux lecteurs :

- d'avoir accès aux versions originales de textes célèbres, et d'en apprécier, dans les détails, la forme et le fond ;
- d'améliorer leur connaissance de l'espagnol, en particulier dans le domaine du vocabulaire dont l'acquisition est facilitée par l'intérêt même du récit, et le fait que mots et expressions apparaissent en situation dans un contexte, ce qui aide à bien cerner leur sens.

Cette série constitue donc une véritable méthode d'auto-enseignement, dont le contenu est le suivant :

- page de gauche, le texte espagnol ;
- page de droite, la traduction française ;
- bas des pages de gauche et de droite, une série de notes explicatives (vocabulaire, grammaire, rappels historiques, etc.).

Les notes de bas de page et la liste récapitulative à la fin de l'ouvrage aident le lecteur à distinguer les mots et expressions idiomatiques d'un usage courant aujourd'hui, et qu'il lui faut mémoriser, de ce qui peut être trop exclusivement lié aux événements et à l'art de l'auteur.

Il est conseillé au lecteur de lire d'abord l'espagnol, de se reporter aux notes et de ne passer qu'ensuite à la traduction ; sauf, bien entendu, s'il éprouve de trop grandes difficultés à suivre le récit dans ses détails, auquel cas il lui faut se concentrer davantage sur la traduction, pour revenir finalement au texte espagnol, en s'assurant bien qu'il en a maintenant maîtrisé le sens.

Le *Quichotte* en neuf extraits

Comment parcourir le *Quichotte* à grandes enjambées et extraire une soixantaine de pages d'une œuvre qui en compte un millier ? Comment faire percevoir, en quelques traits, la « gaîté cruelle » que soulignait Chateaubriand ?
Prenons un gentilhomme campagnard, au tournant de la cinquantaine, sobre et austère et qui s'abîme dans la lecture de romans de chevalerie au point de se métamorphoser en chevalier errant d'un autre temps : en cette fin de seizième siècle, en effet, le roman de chevalerie est en voie d'épuisement et la langue archaïque dont use le tout nouveau chevalier ne peut qu'amuser les lecteurs de son temps.
Nous vivons donc les préparatifs de la grande aventure, la première sortie à la fine pointe du jour, et celle qui, de toutes les mésaventures, reste la plus connue : les moulins à vent. Témoin des erreurs d'appréciation de celui qui vit dans l'imitation des chevaliers d'antan, le lecteur accompagne les désastres prévisibles et leurs conséquences pour le héros et ses victimes ; car, si don Quichotte se relève meurtri de chacune de ses chutes, ceux au secours de qui il a volé mettront longtemps à se remettre de ses interventions malheureuses (Andrès, le bachelier)...
De la Manche à la Catalogne, don Quichotte parcourt une Espagne rurale : ici, un porcher rassemble son troupeau au son d'une corne ; là, à la porte d'une auberge, deux prostituées prennent le frais tandis que des muletiers se désaltèrent ; dans une clairière, un maître cupide roue de coups son valet qui réclame ses gages. Rossinante batifole...

Présentation

Au gré du vent, les ailes du moulin tournent... Sancho, l'écuyer, s'entretient avec Teresa, sa femme, de l'avenir de leur fille : sortir de son rang ou y rester ? Voilà toute la question ! Sancho égrène des proverbes connus de tous ; Dulcinée, paysanne robuste du nom d'Aldonza Lorenzo, ne répand pas que les fragrances dont don Quichotte la pare... Un impressionnant cortège accompagne, de nuit, la dépouille d'un riche gentilhomme... Et tous, dans leurs attitudes, par leurs réflexions, creusent la distance entre la vie ordinaire et ce que le chevalier errant en perçoit.

Puis, avec le séjour dans le château du duc, c'est dans l'aristocratie que nous pénétrons pour y découvrir la féroce malice de gens qui, comme d'autres invoquant précédemment sortilèges ou enchantements pour camoufler un mensonge, entrent dans le jeu du chevalier pour mieux se gausser de sa naïveté.

Mais alors, cette justice au nom de quoi don Quichotte a tout abandonné, elle n'existerait pas ? Elle existe, certes, par la bouche d'un Sancho, tout nouveau gouverneur de son île, un Sancho plein de bon sens et de rouerie aussi. Elle pourrait exister, exercée par le bras généreux et désintéressé de l'hidalgo mais il lui faudrait, d'abord, sortir de la seule imitation des livres, ouvrir ses yeux sur la réalité et surtout, surtout, en cette fin de seizième siècle aux vertus fléchissantes, il lui faudrait être bien moins fragile... Cervantès se souvient sans doute qu'il a beaucoup souffert de la justice...

C'est à ce parcours rapide et d'une « gaîté cruelle », nous l'avons dit, qu'amis lecteurs vous êtes invités.

Avertissement au lecteur

Le **tratamiento** ou comment s'adresse-t-on aux gens en 1605 ?

Jusqu'à la fin du Moyen Âge, en castillan, le tutoiement et le vouvoiement, directement issus du latin, sont semblables à ce que nous connaissons aujourd'hui, en français.
• **tú** + 2e personne du singulier pour une personne que l'on tutoie familièrement (Don Quichotte parlant à Sancho, par exemple),
• **vos** + 2e personne du pluriel – avec ses adjectifs possessifs : vuestro(a), vuestros(as) – lorsqu'on s'adresse à une personne que l'on vouvoie, ou à plusieurs.
* À noter que la forme **vos-otros**, d'abord emphatique, deviendra habituelle et renforcera ce **vos** trop bref.
C'est sans doute la sécheresse du monosyllabe **vos** qui, à la fin du XVIe et au début du XVIIe, l'a fait juger inapte à exprimer le respect. Apparaissent alors les tournures **Vuestra Merced**, **Vuestra Señoría** – votre grâce, votre seigneurie , qui expriment explicitement la politesse et la courtoisie et ce, d'autant plus qu'elles s'accompagnent de la 3e personne, moins directe, plus distante et, partant, plus cérémonieuse. Au tournant des deux siècles précédemment cités, vont se juxtaposer, dans le *Quichotte*, les **vos** suivis de la 2e personne et les **Vuestra Merced** accompagnés de la 3e personne. Cette dernière formule qui, au XVIIe siècle, pèse son poids et s'insère dans une langue très construite, très articulée et très latine, a du mal à trouver sa place dans le français d'aujourd'hui sauf à faire le choix d'une langue archaïsante. C'est pourquoi, tout en conservant, à l'occasion, le très lourd *Votre Grâce*, j'ai la plupart du temps opté pour un *vous* flou et mieux adapté à ma traduction qui, sans amputer le texte d'un seul mot, se veut facilement lisible aujourd'hui.

Problème de traduction des noms propres

À l'exception de ***don Quichotte***, ***Dulcinée***, ***Rossinante*** et quelques autres connus de tous, j'ai choisi de ne pas traduire les noms propres : sans doute est-ce parce que je les connais sous cette forme-là depuis toujours et que la traduction est loin d'en être aussi astucieuse que la création. Cependant, certains noms étant particulièrement chargés de sens, j'ai utilisé les notes pour en expliciter les dessous.

Premier extrait

Première partie – Chapitre 1

Que trata de la condición[1] y ejercicio del famoso hidalgo[2] Don Quijote de la Mancha

Qui traite de la nature et des occupations du fameux gentilhomme don Quichotte de la Manche.

1. **condición** = *caractère, nature* d'une personne.
2. **hidalgo** : **hijo de algo**= *de classe noble*.

En un lugar de la Mancha, de cuyo[1] nombre no quiero acordarme, no ha mucho tiempo[2] que vivía un hidalgo de los de lanza en astillero, adarga antigua, rocín flaco y galgo corredor. Una olla[3] de algo más vaca que carnero[4], salpicón las más noches[5], duelos y quebrantos[6] los sábados, lantejas[7] los viernes, algún[8] palomino[9] de añadidura[10] los domingos, consumían las tres partes de su hacienda[11]. El resto della concluían sayo de velarte[12], calzas de velludo para las fiestas, con sus pantuflos de lo mesmo, y los días de entresemana se honraba con su vellorí[13] de lo más fino. Tenía en su casa una ama que pasaba[14] de los cuarenta, y una sobrina que no llegaba a los veinte, y un mozo de campo y plaza, que así ensillaba el rocín como tomaba la podadera. Frisaba la edad de nuestro hidalgo con los cincuenta años; era de complexión recia, seco de carnes, enjuto de rostro, gran madrugador y amigo de la caza. Quieren decir[15] que tenía el sobrenombre de Quijada, o Quesada, que en esto hay alguna diferencia en los autores que deste caso[16] escriben; aunque por conjeturas verosímiles se deja entender que se llamaba Quijana. Pero esto importa poco a nuestro cuento: basta que en la narración dél[17] no se salga un punto de la verdad.

---

1. **cuyo** : pron. rel. = *dont le…* est suivi du nom qu'il détermine et s'accorde avec lui. **Un hidalgo cuya lanza** : *…dont la lance.*
2. **no ha tiempo** : v. aux. **haber** = arch. *Il n'y a pas longtemps.* Auj. : **hace tiempo** (**hacer**).
3. **una olla** : ici, sorte de pot-au-feu fait de viande, de lard, de légumes verts et de légumes secs, base de l'alimentation à l'époque de Cervantes.
4. **carnero** : au XVIIe. *le mouton* était plus cher et plus prisé que le bœuf (**vaca**).
5. **las más noches** : *la plupart des soirs.* Cf. **las más veces** = *le plus souvent.*
6. **duelos y quebrantos** : **huevos con torreznos** = *œufs frits au lard.*
7. **lantejas** = **lentejas** : *lentilles.*
8. **algún** : l'adj. ind. **alguno** s'apocope* devant un nom masculin singulier.

---

* apocope : chute de la voyelle ou d'une ou plusieurs syllabes finales sur certains adjectifs et adverbes.

Dans un village de la Manche dont je ne veux pas me rappeler le nom, vivait naguère un de ces gentilshommes avec lance au râtelier, bouclier à l'ancienne, rosse efflanquée et levrette de chasse. Un ragoût qui sentait plus le bœuf que le mouton, du hachis la plupart des soirs, des œufs aux lardons le samedi, des lentilles le vendredi et quelque pigeonneau qu'il s'offrait le dimanche absorbaient les trois quarts de ses revenus. Quant au reste avec un justaucorps de drap noir, des chausses de velours et leurs pantoufles assorties pour les fêtes, et le fin drap gris dont il se contentait les jours de semaine, il en voyait la fin. Il avait sous son toit une gouvernante qui dépassait les quarante ans, une nièce qui n'en avait pas vingt, et un garçon à tout faire qui aussi bien sellait la rosse ou maniait la serpette. Notre gentilhomme frisait la cinquantaine ; de nature robuste, le corps sec, le visage décharné, il aimait se lever matin et partir à la chasse. On dit qu'il portait le nom de Quijada ou Quesada – on note des divergences parmi les auteurs qui s'intéressent au sujet – ; cependant des hypothèses vraisemblables laissent entendre qu'il s'appelait Quijana. Mais cela ne compte pas pour notre histoire : il suffit que notre récit ne s'éloigne en rien de la vérité.

---

9. **un palomino** : *pigeonneau*. Cf. **la paloma** = *le pigeon, la colombe*.
10. **de añadidura** : supplément offert, au marché, par le vendeur. **Añadir** : *ajouter*.
11. **hacienda** : *les biens, les richesses, les revenus*. **Ministerio de Hacienda** : *Ministère des Finances*. Dans les pays latino-américains : une grande propriété agricole.
12. **el velarte** : drap noir de bonne qualité et cher utilisé pour les capes et manteaux.
13. **el velloro** : drap de couleur bise ou grise plus fin que le **velarte**.
14. **pasar de** : idée de dépassement. **Pasa de los cuarenta** : *elle a dépassé 40 ans*. **Pasan de veinte** : *ils sont plus de vingt*.
15. **quieren decir** : 3e p. du pl.= *on* ; aussi : *se* + 3e p. sing : cf. **se deja entender**.
16. **deste caso** : **de este caso** : contraction ancienne.
17. **dél** = **de él**. Arch.

Es, pues, de saber[1] que este sobredicho hidalgo, los ratos que estaba ocioso, que eran los más[2] del año, se daba a[3] leer libros de caballerías, con tanta afición y gusto, que olvidó casi de todo punto[4] el ejercicio de la caza, y aun la administración de su hacienda; y llegó a tanto su curiosidad y desatino en esto, que vendió muchas hanegas[5] de tierra de sembradura para comprar libros de caballerías en que leer, y así, llevó a su casa todos cuantos pudo haber dellos[6]; y de todos, ningunos le parecían tan bien como los que compuso el famoso Feliciano de Silva; porque la claridad de su prosa y aquellas[7] entricadas razones suyas[8] le parecían de perlas, y más cuando llegaba a leer aquellos requiebros y cartas de desafíos, donde en muchas partes hallaba escrito: «La razón de la sinrazón que a mi razón se hace, de tal manera mi razón enflaquece, que con razón me quejo de la vuestra fermosura[9]». Y también cuando leía: «... los altos cielos que de vuestra divinidad[10] divinamente con las estrellas os fortifican[11], y os hacen merecedora del merecimiento que merece la vuestra grandeza».

Con estas razones perdía el pobre caballero el juicio, y desvelábase[12] por entenderlas[13] y desentrañarles[14] el sentido, que no se lo sacara[15] ni las entendiera el mesmo[16] Aristóteles, si resucitara para sólo ello[17]. No estaba muy bien con las heridas que don Belianís daba y recebía, porque se imaginaba que, por grandes[18] maestros que le hubiesen curado, no dejaría de tener el rostro y todo el cuerpo lleno de cicatrices y señales.

---

1. **es de saber** : expression du devoir = *il faut savoir* = **hay que saber**.
2. **eran los más** : sous-entendu : **frecuentes**.
3. **se daba a** : **darse a** = *se consacrer à*. Mais, **dar a conocer** : *faire connaître*. **Dar a entender** : *laisser entendre*.
4. **de todo punto** : *absolument*.
5. **hanega** = **fanega** : superficie d'environ 6 500 m².
6. **dellos** : **de ellos**. Arch.
7. **aquellas... razones suyas** : adj. dém. qui correspond à une 3e p. et peut servir à exprimer l'admiration.
8. **suyas** : adj. poss. placé après le subst. Construction un peu emphatique.
9. **la vuestra fermosura** : adj. poss. articulé. Arch. et emphatique : cf. *un mien frère*, en vieux français. **Fermosura** = **hermosura** : alternance f/h arch. Fréquent jusqu'au XVIIe s.

Or, il faut savoir que le gentilhomme en question consacrait ses heures de loisir (l'essentiel de son temps) à lire des romans de chevalerie y mettant une passion et un plaisir tels qu'il en oublia presque complètement l'exercice de la chasse et même la gestion de ses biens ; sa curiosité et son inconséquence atteignirent, dans ce domaine, un degré tel qu'il vendit plusieurs arpents de terre cultivable pour acheter ses livres et ramena chez lui tous ceux qu'il put trouver. Dans le lot, aucun ne lui semblait égaler ceux du célèbre Feliciano da Silva : la clarté de sa prose et ses discours alambiqués faisaient son ravissement, surtout quand il arrivait à ces propos galants, ces lettres de défi où, à plusieurs reprises, on pouvait lire : « La raison de la déraison que vous faites à ma raison affaiblit ma raison au point que je me plains, avec raison, de votre beauté ». De même, quand il lisait : « … les hauteurs célestes qui, avec les étoiles, vous fortifient dans votre divinité, et vous font mériter le mérite que mérite votre grandeur ».
Ces discours faisaient perdre la tête au malheureux chevalier : il passait la nuit à tenter de les comprendre, à en percer le sens, sens et discours qui auraient échappé à Aristote en personne, fût-il revenu sur terre rien que pour cela. Il n'aimait pas que D. Belianis donnât et reçût tant de coups car il l'imaginait, malgré la qualité des chirurgiens à son chevet, le visage et le corps entier marqués de cicatrices et de traces.

---

10. **vuestra divinidad** : arch.: adj. poss. s'adressant à une personne que l'on vouvoie en utilisant la 2e p. du pl., intermédiaire entre le tutoiement et la 3e p. du sing.
11. **os fortifican** : pron. pers. c. o. d. s'adressant à une personne que l'on vouvoie. Arch.
12. **desveläbase** : **se desvelaba**. Cas d'enclise* incorrect auj.
13. **entenderlas** : **las** : pron. pers. c. o. d. (**las razones**).
14. **desentrañarles el sentido** : les : pron. pers. c. o. ind.
15. **no se lo sacara** : **lo** : pron. pers. reprend **sentido**. **Se sacara** = imp. subj. de **sacarse** : *n'aurait pas…*
16. **el mesmo** = **el mismo**. Arch. *Aristote en personne.*
17. **ello** : pron. pers. neutre : *ceci, cela.*
18. **por grandes maestros que le hubiesen curado** : *por* + adj. + subj. exprime la concession : *pour grands que soient les médecins qui l'aient soigné.* La concession s'exprime aussi par les loc. **por más que**, **por mucho que**… **por muy rico que seas** ; **por más que llores**…

---

* enclise : report du pronom complément après le verbe auquel il se soude sans trait d'union.

Pero, con todo, alababa en su autor aquel acabar su libro con la promesa de aquella inacabable aventura, y muchas veces le vino deseo de tomar la pluma y dalle[1] fin al pie de la letra, como allí se promete; y sin duda[2] alguna lo hiciera, y aun saliera con ello, si otros mayores y continuos pensamientos no se lo[3] estorbaran. Tuvo[4] muchas veces competencia con el cura de[5] su lugar (que era hombre docto, graduado en Sigüenza), sobre cuál había sido mejor caballero: Palmerín de Ingalaterra, o Amadís de Gaula; mas maese Nicolás, barbero del mismo pueblo, decía que ninguno llegaba al Caballero del Febo, y que si alguno se le podía comparar, era don Galaor, hermano de Amadís de Gaula, porque tenía muy acomodada condición para todo; que no era caballero melindroso, ni tan llorón como su hermano, y que en lo de la valentía no le iba en zaga[6].

En resolución[7], él se enfrascó tanto en su lectura, que se le pasaban las noches[8] leyendo de claro en claro[9], y los días de turbio en turbio; y así, del poco dormir[10] y del mucho leer se le secó[11] el celebro[12] de manera, que vino a[13] perder el juicio. Llenósele[14] la fantasía de todo aquello que leía en los libros, así de encantamentos como de pendencias, batallas, desafíos, heridas, requiebros, amores, tormentas y disparates imposibles; y asentósele de tal modo en la imaginación que era verdad toda aquella máquina de aquellas soñadas invenciones que leía, que para él no había otra historia más cierta en el mundo.

---

1. **dalle** : darle.
2. **sin duda... saliera con ello** : *sans doute l'aurait-il mené à bien.* **Salir con** = *obtenir.*
3. **si no se lo estorbaran** : **lo** : pron. pers. c. o. d. ; **se** : pron. pers. c. o. ind. ; toujours mis pour **le** dans l'association avec **lo**.
4. **tuvo** : prét. de **tener** à sens d'imp. ou de pl. que parf.
5. **en lo de** : *en ce qui concerne, pour ce qui est de.*
6. **no le iba en zaga** : **no irle a uno en zaga** ou **a la zaga** : *n'avoir rien à envier à quelqu'un.*
7. **en resolución** : **en resumen**.

Mais, en fin de compte, il appréciait que l'auteur achevât son livre sur la promesse de donner une suite à cette aventure sans fin et, souvent, il lui vint l'envie de prendre la plume et de mettre un terme à l'histoire, exactement comme on le promettait ; sans doute l'aurait-il fait avec succès, si de graves pensées n'y avaient constamment fait obstacle. Avec le curé de son village – un homme cultivé qui avait fait ses études à Siguenza – ils avaient souvent débattu sur la question de savoir qui, de Palmerin d'Angleterre ou d'Amadis de Gaule, avait été le meilleur chevalier. Maître Nicolas, le barbier du village, affirmait qu'aucun n'égalait le chevalier de Phébus et que si l'un d'entre eux soutenait la comparaison, c'était D. Galaor, le frère d'Amadis de Gaule car sa nature s'adaptait à tout : il était moins pleurnicheur que son frère, n'était pas minaudier et, dans le domaine de la vaillance, ne lui cédait en rien.

Bref, il se plongea tellement dans sa lecture qu'il lisait jour et nuit, de l'aube au crépuscule et du crépuscule à l'aube. Et c'est ainsi qu'à force de tant lire et de si peu dormir son cerveau se dessécha et il perdit finalement la raison. Sa tête se remplit de toute cette fiction qu'il trouvait dans ses livres, enchantements, querelles, batailles, défis, blessures, propos galants, amours, orages, extravagances impossibles et il crut si bien à la réalité de ce montage d'inventions et de chimères que nulle histoire au monde ne lui semblait plus véridique.

---

8. **se le pasaban las noches** : emploi redondant du pron. pers.
9. **de claro en claro** : contr. de **de turbio en turbio**. Jeu de mots **claro/turbio** (**turbio** : **poco claro**). Cf. **pasar la noche en claro** = *passer la nuit blanche*. Impossible à traduire.
10. **del poco dormir** : de + inf. Valeur causale : *à force de*...
11. **se le secó** : cf. gram. **Bouzet** : **se me escapó**= *il m'échappa* ; **se los tragó en dos minutos** : il les avala...
12. **celebro = cerebro**.
13. **vino a** : exprime l'aboutissement = *finir par*.
14. **llenósele** : enclise autorisée aujourd'hui encore en tête de phrase écrite : **se le llenó**.

...En efeto, rematado ya su juicio[1], vino a dar en el más extraño pensamiento[2] que jamás dio loco en el mundo; y fue que le pareció convenible y necesario, así para el aumento de su honra como[3] para el servicio de su república[4], hacerse caballero andante, y irse[5] por todo el mundo con sus armas y caballo a buscar las aventuras y a ejercitarse en todo aquello que él había leído que los caballeros andantes se ejercitaban, deshaciendo todo género de agravio, y poniéndose en ocasiones y peligros donde, acabándolos[6], cobrase[7] eterno nombre y fama. Imaginábase el pobre ya coronado por el valor de su brazo, por lo menos, del imperio de Trapisonda[8]; y así, con estos tan agradables pensamientos, llevado del extraño gusto que en ellos sentía, se dio priesa a poner en efeto lo que deseaba. Y lo primero que hizo fue limpiar unas armas que habían sido de sus bisabuelos, que, tomadas de orín y llenas de moho, luengos[9] siglos había que estaban puestas y olvidadas en un rincón. Limpiólas y aderezólas[10] lo mejor que pudo, pero vio que tenían una gran falta, y era que no tenían celada de encaje, sino morrión simple; mas a esto suplió su industria, porque de cartones hizo un modo de media celada[11], que, encajada con el morrión, hacían una apariencia de celada entera. Es verdad que para probar si era fuerte y podía estar al riesgo de una cuchillada, sacó su espada y le dio dos golpes, y con el primero y en un punto[12] deshizo lo que había hecho en una semana;

---

1. **rematado su juicio** : proposition dite participe où le pp. précède obligatoirement le nom. Cf. **terminada la obra** : *une fois l'œuvre achevée.*
2. **dar en un pensamiento**, **en un tema**, **en una manía**... : (**empeñarse en ejecutar una cosa**) exprime l'obstination que l'on met à faire qqch.
3. **así... como** : *autant pour... que pour.*
4. **república** : au sens latin « **res publica** » : *chose publique.*
5. **y irse** : auj. **e irse** pour éviter la répétition du son i. Même chose pour **o** et **u** : **son siete u ocho**.
6. **acabándolos** : *achever.* Aussi : *venir à bout, triompher.*
7. **peligros donde... cobrase** = **cobraría** : conditionnel.

[...] Ayant donc complètement perdu le sens, il conçut l'idée la plus étrange jamais venue à l'esprit d'un fou ici-bas : il crut utile et nécessaire, tant pour accroître sa renommée que pour servir son pays, de se faire chevalier errant et d'aller de par le monde, avec armes et cheval, chercher les aventures et mettre en application ce à quoi, dans ses lectures, les chevaliers errants s'appliquaient, réparant toute sorte d'injustices et s'exposant à des situations dangereuses dont il triompherait et où il gagnerait nom et renommée pour l'éternité. Le malheureux imaginait déjà que la vaillance de son bras lui vaudrait, au moins, la couronne de l'empire de Trébizonde. Ainsi animé de ces agréables pensées, emporté par le plaisir étrange qu'il y trouvait, il se hâta de mettre à exécution son projet. Il commença par nettoyer les pièces d'une armure qui lui venait de ses aïeux, gagnées par la rouille et couvertes de moisissures depuis les siècles qu'elles étaient là, oubliées dans un coin. Il les nettoya et les arrangea du mieux qu'il put ; mais il vit qu'il manquait une pièce d'importance, un simple morion remplaçant le heaume ; son ingéniosité y suppléa : il fit un sorte de demi-heaume en carton qui, encastré dans le morion, pouvait passer pour un heaume entier. Pour en éprouver la résistance et vérifier s'il était à l'abri d'un coup de lame, il sortit son épée, lui en donna deux coups et, du premier, défit, en un instant, ce qu'il avait mis une semaine à faire ;

---

8. **Trapisonda** : *Trébizonde*, au bord de la mer Noire, capitale de l'empire issu du partage de l'Empire grec en 1220 (les trois autres étant Constantinople, Thessalonique et Nicée). Souvent citée dans les livres de chevalerie.
9. **luengos** = **largo**. **A la luenga** (arch.) = **a la larga**.
10. **aderezólas** : auj. **las aderezó**.
11. **media celada** : placé devant le nom auquel il s'accorde, medio signifie *demi*. Placé après, il signifie *moyen*. **La edad media** : *l'âge moyen*. Et aussi : **la Edad Media** : *le Moyen Âge*.
12. **en un punto** : *en un instant*. Diff. de **en punto** = **la una en punto** : *une heure juste/pile*.

y no dejó de[1] parecerle mal la facilidad con que la había hecho pedazos[2], y, por asegurarse deste peligro, la tornó a hacer[3] de nuevo, poniéndole unas barras de hierro por de dentro, de tal manera, que él quedó satisfecho de su fortaleza y, sin querer hacer nueva experiencia della, la diputó y tuvo por celada finísima de encaje.

Fue luego a ver su rocín, y aunque tenía más cuartos que un real[4] y más tachas que el caballo de Gonela[5], que *tantum pellis et ossa fuit*[6], le pareció que ni el Bucéfalo de Alejandro ni Babieca el del Cid con él se igualaban. Cuatro días se le pasaron en imaginar qué nombre le pondría; porque (según se decía él a sí mesmo) no era razón[7] que caballo de caballero tan famoso, y tan bueno él por sí[8], estuviese sin nombre conocido; y ansí, procuraba acomodársele de manera que declarase quién había sido antes que fuese de caballero andante, y lo que era entonces; pues estaba muy puesto en razón que, mudando su señor estado, mudase él también el nombre, y le cobrase famoso y de estruendo, como convenía a la nueva orden[9] y al nuevo ejercicio[10] que ya profesaba; y así, después de muchos nombres que formó, borró y quitó, añadió, deshizo y tornó a hacer en su memoria e imaginación, al fin le vino a llamar *Rocinante*, nombre, a su parecer, alto, sonoro y significativo de lo que había sido cuando fue rocín, antes[11] de lo que ahora era, que era antes y primero de todos los rocines del mundo.

Puesto[12] nombre, y tan a su gusto, a su caballo, quiso ponérsele a sí mismo, y en este pensamiento duró otros ocho días, y al cabo se vino a llamar *don Quijote*[13]; de donde, como queda dicho[14], tomaron ocasión los autores desta tan verdadera historia que, sin duda[15], se debía de llamar Quijada, y no Quesada, como otros quisieron decir.

---

1. **no dejó de** : **dejar de** = *cesser de.*
2. **la había hecho pedazos** : *mettre en miettes.* **Un pedazo** : *un morceau* = **un trozo**. Auj. **le había hecho pedazos**.
3. **tornar a hacer** : **volver a hacer**.
4. **tenía más cuartos que un real** : jeu de mots intraduisible : le **cuarto** est une fraction du **real**, monnaie ancienne en argent, mais désigne aussi une maladie du sabot du cheval.
5. **Gonela** : bouffon du duc de Ferrare au XVe s.
6. **tantum pellis**... : citation de Plaute dans sa comédie *Aulularia*, acte 3.
7. **ser razón una cosa** : *être juste, fondé.*
8. **tan bueno él por sí** : il s'agit du cheval. M. à m. si bon par lui-même.

la facilité avec laquelle il l'avait mis en pièces lui déplut vivement et, pour ne plus courir ce risque, il se remit à l'ouvrage et posa des tiges de fer à l'intérieur de sorte que, satisfait de sa solidité et, sans vouloir l'éprouver une nouvelle fois, il déclara posséder là le plus parfait des heaumes.

Puis il alla voir sa monture : elle avait des tares et non des moindres et plus de défauts que le cheval de Gonela qui « tantum pellis et ossa fuit », mais à ses yeux, ni le Bucéphale d'Alexandre ni le Babieca du Cid n'étaient à sa hauteur. Durant quatre jours il imagina le nom qu'il allait lui donner car (se disait-il en son for intérieur), il était injuste que le cheval d'un si fameux chevalier, doté de tant de qualités, ne portât pas un nom connu ; il cherchait donc à lui en façonner un qui rende compte de ce qu'il avait été avant d'appartenir à un chevalier errant et ce qu'il était depuis ; car il était tout à fait juste que, le maître changeant d'état, il changeât lui aussi de nom, et en prît un célèbre et pompeux en accord avec sa nouvelle condition et les nouvelles fonctions qu'il allait occuper ; il y réfléchit et fabriqua, effaça, supprima, ajouta, défit et refit en imagination quantité de noms pour l'appeler, finalement, *Rossinante*, beau nom sonore et, selon lui, révélateur de ce qu'il avait été – un roussin –, avant d'être ce qu'il était désormais, le premier et le meilleur de tous les roussins du monde.

Ayant donné à son cheval un nom tout à son goût, il voulut s'en donner un et y passa huit autres jours pour choisir finalement *don Quichotte* ; cela, comme on l'a dit, a permis aux auteurs de cette authentique histoire de conclure qu'il s'appelait, sans aucun doute, Quijada et non Quesada comme on l'avait voulu dire.

---

9. **nueva orden** : ici : *classe, genre, nature.*
10. **nuevo ejercicio** : ici : *travail, profession.*
11. **antes** : avant, opposé à **ahora**. **Antes y primero** : *devant tous.*
12. **puesto nombre** : pp. de **poner**.
13. **don Quijote** : **el quijote**, *le cuissard*, est la partie de l'armure qui couvre les cuisses. Cervantès donne à son héros le nom d'une pièce de l'armement propre aux chevaliers, mais choisit celle qui se termine en « **ote** », terminaison qui, en castillan, insiste sur le côté ridicule des choses.
14. **queda dicho** : suivi du pp., **quedar** se substitue à **estar** pour exprimer une action passée ou un résultat.
15. **sin duda** : *sans doute*, mais aussi *sans aucun doute.*

Pero, acordándose que el valeroso Amadís no sólo[1] se había contentado con llamarse Amadís a secas, sino que añadió el nombre de su reino y patria, por hacerla famosa, y se llamó Amadís de Gaula, así quiso, como buen caballero, añadir al suyo el nombre de la suya y llamarse *don Quijote de la Mancha*, con que, a su parecer, declaraba muy al vivo su linaje[2] y patria, y la honraba con tomar el sobrenombre della.

Limpias, pues, sus armas, hecho del morrión[3] celada, puesto nombre a su rocín y confirmándose[4] a sí mismo, se dio a entender que no le faltaba otra cosa[5] sino buscar una dama de quien enamorarse: porque el caballero andante sin amores era árbol sin hojas y sin fruto y cuerpo sin alma. Decíase él: «Si yo, por malos de mis pecados[6], o por mi buena suerte, me encuentro por ahí con algún gigante, como de ordinario les acontece[7] a los caballeros andantes, y le derribo de un encuentro, o le parto por mitad del cuerpo, o, finalmente, le venzo[8] y le rindo[9], ¿no será bien tener a quien enviarle presentado, y que entre y se hinque de rodillas ante mi dulce señora, y diga con voz humilde y rendida: «Yo, señora, soy el gigante Caraculiambro, señor de la ínsula Malindrania, a quien venció en singular batalla el jamás como se debe alabado caballero don Quijote de la Mancha, el cual me mandó que me presentase[10] ante vuestra merced, para que la vuestra grandeza disponga de mí a su talante[11]»?

---

1. **no sólo... sino que** = **no sólo**... **sino también** : *non seulement... mais encore.* (Cf. en latin « non solum... sed etiam »).
2. **el linaje** : *la lignée, le lignage.* Ici, *la source, l'origine.*
3. **limpias sus armas**, **hecho del morrión** : sous-entendu : **después de limpiar**... **de hacer**, **de poner nombre**...
4. **y confirmándose**... : **confirmarse** au sens de *se donner un nom de confirmation.*
5. **no le faltaba otra cosa** = *il ne lui manquait que.*
6. **por malos de mis pecados** : expr. usuelle au XVe s. = **por mis culpas, en castigo de ellas**.

Se rappelant, cependant, que le vaillant Amadis ne s'était pas contenté de s'appeler Amadis, tout court, mais avait ajouté le nom de son pays et de sa patrie pour la rendre célèbre, s'appelant Amadis de Gaule, il voulut, en bon chevalier qu'il était, ajouter à son nom celui de sa patrie et s'appeler *don Quichotte de la Manche*, proclamant par là bien haut ses origines et la patrie qu'il honorait en en prenant le nom.

Après avoir nettoyé ses armes, transformé son morion en heaume, donné un nom à son roussin et avoir pris un nom de confirmation, il estima qu'il ne lui restait plus qu'à chercher une dame dont il pourrait s'éprendre, un chevalier errant sans amours n'étant qu'un arbre sans feuilles ni fruits, un corps sans âme. Il se disait : « Si, en punition de mes péchés ou par une bénédiction du ciel, je rencontre sur mon chemin, comme il arrive ordinairement aux chevaliers errants, quelque géant et le renverse au premier coup, ou lui fends le corps en deux parties ou si, finalement, je le vaincs et le soumets, ne sera-t-il pas bon de savoir à qui l'adresser en présent, le voir entrer et s'agenouiller devant ma très douce dame et l'entendre dire d'une voix humble et soumise : « Madame, je suis le géant Caraculiambro, seigneur de l'île de Malindrania, vaincu en combat singulier par le chevalier don Quichotte de la Manche – dont on n'a jamais justement chanté les louanges – et qui m'envoie me présenter devant votre grâce afin que votre grandeur dispose de moi à sa guise » ?

---

7. **acontecer** = **suceder**, **acaecer**. **Un acontecimiento** : *un événement*.
8. **venzo** : prés. indic. 1re p. du sing. de **vencer**.
9. **rindo** : de **rendir** = *vaincre*, 1re p. du sing. du prés. indic. Aussi : **estar rendido** : *être épuisé*.
10. **el jamás como se debe alabado caballero**... **me mandó que me presentase** : concordance des temps actuelle (prét. ...subj. imp.). Cf. **me manda que me presente**.
11. **a su talante** : *à votre guise*. **El talante** : *l'humeur*. El **talento** : *le talent, l'intelligence*. À « **su** » **talante** : adj. poss. de 3e p. qui correspond à une personne que l'on vouvoie.

¡Oh, cómo se holgó[1] nuestro buen caballero cuando hubo hecho este discurso, y más cuando halló a quien dar nombre de su dama! Y fue, a lo que se cree, que en un lugar cerca del suyo había una moza labradora de muy buen parecer, de quien él un tiempo anduvo enamorado[2], aunque, según se entiende, ella jamás lo supo[3], ni le dio cata dello[4]. Llamábase Aldonza Lorenzo, y a ésta le pareció ser bien darle título de señora de sus pensamientos; y, buscándole nombre que no desdijese[5] mucho del suyo, y que tirase y se encaminase al de princesa y gran señora, vino a llamarla *Dulcinea del Toboso*, porque era natural del Toboso; nombre, a su parecer[6], músico y peregrino[7] y significativo, como todos los demás que a él y a sus cosas había puesto[8].

---

1. **holgarse** : *se réjouir, être content.* V. qui diphtongue : cf. **la huelga** : temps inoccupé, **estar de huelga** : *être en grève.*
2. **anduvo enamorado** : v. **andar** à valeur d'aux. **Estar enamorado**.
3. **supo** : **había sabido**.

Oh ! Comme il fut heureux notre bon chevalier une fois fini son discours, et plus encore quand il eut trouvé celle qu'il nommerait sa dame... Il y avait, croit-on, dans un village voisin, une jeune paysanne de fort belle apparence dont il avait été, un temps, amoureux mais qui, à ce qu'on dit, n'en n'avait jamais rien su et ne s'en était jamais aperçu. Elle s'appelait Aldonsa Lorenzo et il lui parut bien de lui accorder le titre de dame de ses pensées : il lui chercha un nom digne du sien qui tînt de la princesse et de la grande dame ou s'en approchât, et l'appela finalement Dulcinée du Toboso, son village natal, nom qu'il jugea musical, remarquable et significatif comme tous ceux qu'il avait choisis pour lui-même et pour les autres.

---

4. **se dio cata de** : **darse cata de** = **percatarse de** : *se rendre compte, s'apercevoir.*
5. **desdijese** : imp. du subj. de **desdecir**.
6. **a su parecer** : *à son avis.*
7. **peregrino** = *remarquable.* **Un peregrino** : *un pèlerin.*
8. **que a él... había puesto** : auj. : **que a sí había puesto** (le sujet du v. et le pron. pers. représentent la même personne).

Deuxième extrait

Première partie – Chapitre 2

Que trata de la primera salida que de su tierra hizo el ingenioso don Quijote.

Qui traite de la première sortie de l'ingénieux don Quichotte hors de ses terres.

Hechas, pues, estas prevenciones[1], no quiso aguardar más tiempo a poner en efeto su pensamiento, apretándole a ello la falta que él pensaba que hacía en el mundo su tardanza[2], según eran los agravios que pensaba deshacer, tuertos que enderezar, sinrazones que enmendar, y abusos que mejorar, y deudas que satisfacer. Y así, sin dar parte a[3] persona alguna de su intención, y sin que nadie le viese, una mañana, antes del día, que era uno de los calurosos del mes de julio, se armó de todas sus armas, subió sobre Rocinante, puesta su mal compuesta celada[4], embrazó su adarga, tomó su lanza, y, por la puerta falsa[5] de un corral, salió al campo con grandísimo contento y alborozo de ver con cuánta facilidad había dado principio a su buen deseo. Mas[6], apenas se vió[7] en el campo, cuando le asaltó un pensamiento terrible, y tal, que por poco le hiciera dejar[8] la comenzada empresa; y fue que le vino a la memoria que no era armado caballero, y que, conforme a ley[9] de caballería, ni podía ni debía tomar armas con ningún caballero; y, puesto que[10] lo fuera, había de llevar[11] armas blancas[12], como novel caballero, sin empresa en el escudo, hasta que[13] por su esfuerzo la ganase. Estos pensamientos le hicieron titubear en su propósito; mas, pudiendo[14] más su locura que otra razón alguna, propuso de hacerse armar caballero del primero que topase[15], a imitación de otros muchos que así lo hicieron[16], según él había leído en los libros que tal le tenían. En lo de las armas blancas, pensaba limpiarlas de manera, en teniendo lugar[17], que lo fuesen[18] más que un armiño;

---

1. **hechas estas prevenciones** : cf. note 1 p. 18.
2. **la falta que hacía su tardanza** : arch. **falta** signifie *absence, vide*. Auj. **hace falta = es necesario**.
3. **dar parte a** : *faire part, rendre compte*.
4. **su mal compuesta celada** : p.p. **componer**.
5. **la puerta falsa** : **puerta excusada** en opposition à **puerta principal**.
6. **mas** : **pero**.
7. **se vió** : pas d'accent aujourd'hui.
8. **le hiciera dejar** : **le hubiera hecho dejar**.
9. **conforme a ley** : **según la ley**.
10. **puesto que** : ici = **aunque** + subj. = *même si*. Généralement : **puesto que** = *étant donné que* + indic.
11. **había de llevar** : **haber de** = **deber** (obligation).

Ces dispositions prises, il ne voulut pas tarder plus longtemps à mettre à exécution son projet, poussé par le sentiment qu'en tardant encore, il laissait un vide dans un monde où il avait, pensait-il, des offenses à venger, des torts à redresser, des injustices à réparer, des abus à corriger et des dettes à acquitter. C'est ainsi que, sans avertir quiconque de son intention et sans être vu de personne, un matin de ces chaudes journées de juillet, avant le lever du jour, il se saisit de son armement, monta sur Rossinante, se coiffa de son heaume plus ou moins bien rafistolé, empoigna son bouclier, prit sa lance et, par la porte dérobée de la cour, sortit vers la campagne, satisfait et joyeux au plus haut degré de voir avec quelle facilité il avait entamé la réalisation de ses hauts desseins. Mais à peine se vit-il dans la campagne qu'une pensée terrible l'assaillit et, pour un peu, il aurait abandonné ce qu'il venait d'entreprendre : il lui vint en mémoire qu'il n'était point armé chevalier et que, aux yeux des lois de la chevalerie, il ne pouvait ni ne devait prendre les armes contre aucun chevalier ; et l'eût-il été qu'il aurait dû, en chevalier novice qu'il était, porter des armes dépourvues d'ornements, l'écu sans devise, en attendant que, par sa vaillance, il en gagnât une. Ces pensées le firent hésiter dans son projet mais sa folie l'emportant sur tout autre raison, il forma le dessein de se faire armer chevalier par le premier venu, imitant là tous ceux qui avaient agi ainsi, à en croire les livres qui l'avaient mis dans cet état. Quant à ses armes, il comptait les nettoyer de sorte que, sitôt fait, elles aient la blancheur de l'hermine ;

---

12. **armas blancas** : l'écu du jeune adoubé ne portait ni devise ni emblème.
13. **hasta que + subj.** : *jusqu'à ce que*, idée d'un but à atteindre. Aussi **hasta que** + indic. Quand l'action est réalisée. Exemple : **se quedó allí hasta que le descubrieron** = *il resta là jusqu'à ce qu'on le découvre.*
14. **pudiendo** : gér. **poder**.
15. **el primero que topase** : imp. du subj. ouvre un vaste champ de potentialités : *qu'il pouvait rencontrer.*
16. **hicieron** : prét. à sens de plus que parf.
17. **en teniendo lugar** : **tener lugar** : *avoir lieu, se produire.* **En + gér.** : *dès que, une fois...*
18. **de manera que... lo fuesen** : subj. commandé par l'idée de conséquence contenue dans la locution de **manera que**. Imp. pour la concordance (**pensaba**).

y con esto se quietó y prosiguió su camino, sin llevar otro que aquél que su caballo quería, creyendo que en aquello consistía la fuerza de las aventuras.

Yendo[1], pues, caminando nuestro flamante[2] aventurero, iba hablando consigo mesmo[3] y diciendo: «¿Quién duda[4] sino que en los venideros tiempos, cuando salga a luz la verdadera historia de mis famosos hechos, que el sabio[5] que los escribiere no ponga, cuando llegue[6] a contar esta mi primera salida tan de mañana, desta manera?: 'Apenas había el rubicundo Apolo tendido por la faz de la ancha y espaciosa tierra las doradas hebras de sus hermosos cabellos, y apenas los pequeños y pintados pajarillos con sus harpadas lenguas habían saludado con dulce y meliflua armonía la venida de la rosada aurora, que, dejando la blanda cama del celoso marido, por las puertas y balcones del manchego horizonte a los mortales se mostraba, cuando el famoso caballero don Quijote de la Mancha, dejando las ociosas plumas, subió sobre su famoso caballo Rocinante; y comenzó a caminar por el antiguo y conocido campo de Montiel[7]». Y era la verdad que por él caminaba. Y añadió diciendo: «Dichosa edad, y siglo dichoso aquél adonde saldrán a luz las famosas hazañas[8] mías, dignas de entallarse en bronces, esculpirse en mármoles y pintarse en tablas[9], para memoria en lo futuro. ¡Oh tú, sabio encantador, quienquiera que seas[10], a quien ha de tocar[11] el ser[12] coronista desta peregrina historia!

---

1. **yendo** : gér. de **ir**. **Ir** + gér. : *action qui se déroule peu à peu*, progressivement.
2. **flamante** : *étincelant* et aussi *novice*, *récent*, *nouveau*.
3. **mesmo** = **mismo**.
4. **quien duda sino que... no ponga** : arch. = **no hay duda de que** + subj.
5. **el sabio que los escribiere** : fut. du subj. aujourd'hui disparu. Construit sur le modèle des imp. du subj. en **-ra** et **-se**. Exprimait une très grande virtualité. Se traduit par le fut. simple.
6. **cuando llegue** : du verbe **llegar**. Près. subj. obligatoire pour exprimer une action future dans une subordonnée de temps.

ces pensées le calmèrent et il put poursuivre son chemin, sans autre but que celui que son cheval désignait, la force de ses aventures tenant, croyait-il, à ces hasards-là.

Tout en cheminant donc, notre aventurier de fraîche date se tenait à lui-même ce discours : « Dans les temps futurs, quand l'histoire véridique de mes hauts faits d'armes sera imprimée, nul doute que le sage qui les écrira ne s'exprime de cette manière, au moment de conter cette mienne première sortie, si tôt matin : À peine le blond Apollon avait-il déployé sur l'immensité de la vaste face de la terre les mèches dorées de sa belle chevelure ; à peine les petits oiseaux de toutes couleurs avaient-ils, de leurs trilles mélodieux, salué d'un chœur doux et suave l'arrivée de l'aurore aux doigts de rose, qui abandonnant la couche molle d'un mari jaloux, par les portes et balcons de l'horizon de la Manche, se montrait aux mortels, que le fameux chevalier don Quichotte de la Manche, abandonnant sa couette paresseuse, monta sur son fameux cheval Rossinante et commença à cheminer dans la plaine de Montiel, connue depuis longtemps de tous ». Et, de fait, c'est là qu'il cheminait, poursuivant : « Bénie soit l'époque et béni soit le siècle où mes exploits mériteront d'être gravés dans le bronze, sculptés dans le marbre, peints sur le bois et seront imprimés pour en perpétuer le souvenir dans les siècles à venir. Oh toi ! sage enchanteur à qui il échoit de faire la chronique de cette histoire remarquable,

---

7. **Campo de Montiel** : ville principale Villanueva de los Infantes, répertoriée sur une carte de 1575.
8. **las hazañas mías** : adj. poss. articulé. Cf. note 2, p. 14.
9. **tablas**: faux ami: *une planche. Une table* = ***una mesa***.
10. **quienquiera que seas** : adj. ind. *quiconque*. Plur. : **quienesquiera que**. Cf. **cualquiera que diga** : *quiconque dira*. Plur. **cualesquiera** : *quels que soient ceux qui*.
11. **ha de tocar** : cf. note 11, p. 28.
12. **el ser** : **el** + inf. : inf. substantivé = *le fait de*. Très employé et très commode. Cf. **el comer a deshora nunca sienta bien**.

ruégote[1] que no te olvides de mi buen[2] Rocinante, compañero eterno mío en todos mis caminos y carreras». Luego volvía diciendo, como si verdaderamente fuera enamorado: «¡Oh princesa Dulcinea, señora deste[3] cautivo corazón! Mucho agravio me habedes[4] fecho[5] en despedirme y reprocharme con el riguroso afincamiento de mandarme no parecer ante la vuestra fermosura[6]. Plégaos[7], señora, de membraros[8] deste vuestro sujeto corazón, que tantas cuitas por vuestro amor padece[9]».

Con éstos iba ensartando otros disparates, todos al modo de los que sus libros le habían enseñado, imitando en cuanto[10] podía su lenguaje; y, con esto, caminaba tan despacio, y el sol entraba tan apriesa[11] y con tanto ardor, que fuera bastante[12] a derretirle los sesos, si algunos tuviera.

Casi todo aquel día caminó sin acontecerle cosa que de contar fuese[13], de lo cual se desesperaba, porque quisiera topar luego luego[14] con quien hacer experiencia del valor de su fuerte brazo. Autores hay[15] que dicen que la primera aventura que le avino[16] fue la del[17] Puerto Lápice; otros dicen[18] que la de los molinos de viento; pero, lo que yo he podido averiguar en este caso, y lo que he hallado escrito en los anales de la Mancha, es que él anduvo todo aquel día, y, al anochecer[19], su rocín y él se hallaron cansados y muertos de hambre;

---

1. **ruégote** : **te ruego**. De **rogar**.
2. **mi buen Rocinante** : apocope de **bueno** devant un nom masc. sing. **Uno**, **alguno**, **ninguno**, **malo**, **bueno**, **primero**, **tercero**, **postrero** suivent la même règle.
3. **deste** : **este** a le sens d'un adj. poss.
4. **habedes** : arch. jusqu'au XVe s. **Haber** : **habéis** 2e pers. du plur. Au XVIIe s. la 2e pers. du plur. exprime le vouvoiement.
5. **fecho** : arch. **hecho**. Pp. de **hacer**. Don Quichotte s'exprime comme dans les livres de chevalerie, ce qui provoque un décalage comique.
6. **vuestra fermosura**, **vuestro corazón**, **vuestro amor**, **membraros** : ad. et pron. de la 2e pers. du plur.
7. **plégaos** : avec pr. pers. enclitique (cf. * p. 15). **Plega** = subj. prés. arch. de **placer**. Auj. : **plazca**.
8. **membraros** : **membrar** = **recordar**, peu usité. Cf. **memoria**, même famille.

je te supplie – qui que tu sois – de ne pas oublier mon bon Rossinante qui, par monts et par vaux, ne me quitte jamais ». Puis, comme s'il était réellement amoureux, il se prenait à dire : « Oh ! Princesse Dulcinée, dame de mon cœur captif ! Vous me fîtes grande offense en m'éloignant de vous et en m'imposant si rigoureusement de ne plus paraître devant votre beauté. Plaise à vous, Madame, de ne point oublier ce cœur par vous assujetti qui, pour l'amour de vous, endure mille maux ».

À ces extravagances il en ajoutait d'autres à l'image de ce que ses livres lui avaient enseigné, imitant leur langage du mieux qu'il pouvait ; il marchait, cependant, si lentement, le soleil montait si vite et cognait si fort qu'il aurait suffi à lui dessécher la cervelle, s'il en avait eue.

Ainsi marcha-t-il presque tout le jour sans que rien n'advînt qui méritât d'être conté : il s'en désolait, souhaitant rencontrer au plus vite quelqu'un avec qui éprouver la vaillance et la force de son bras. Il y a des auteurs qui disent que sa première aventure fut celle de Puerto Lapice, d'autres, celle des moulins à vent ; moi, ce que j'ai pu vérifier à ce propos et trouver dans les annales de la Manche, c'est qu'il chemina tout le jour et, qu'à la tombée de la nuit, son cheval et lui se retrouvèrent épuisés et morts de faim ;

---

9. **padecer** : *souffrir, endurer.* Cf. **sufrir** : *souffrir; subir.*
10. **en cuanto** = **en todo lo que podía**.
11. **apriesa** : arch. aprisa. **A prisa, de prisa** : *en hâte, vite.* **Darse prisa** = *se dépêcher*, **tener prisa** = *être pressé*, **ir de prisa** = *aller vite.*
12. **que fuera bastante** : **que hubiera sido bastante** = *qu'il aurait suffi à.*
13. **que de contar fuese** : expr. **ser de contar** = *mériter d'être raconté.*
14. **luego luego** = **en seguida**. Superlatif.
15. **autores hay** = **hay autores que dicen**.
16. **avino** : **avenir**, prét. = **suceder**.
17. **fue la del Puerto...** sous-entendu : **la aventura**.
18. **otros dicen que la de...** sous-entendu : **fue la de**.
19. **al anochecer** : **al** + inf. = *au moment de.* Cf. **al amanecer, al atardecer** : *à la tombée de la nuit, au lever du soleil, en fin d'après-midi.*

y que, mirando a todas partes por ver si descubriría algún castillo o alguna majada de pastores donde recogerse y adonde pudiese[1] remediar su mucha hambre y necesidad, vio, no lejos del camino por donde iba, una venta, que fue como si viera una estrella que, no a los portales, sino a los alcázares de su redención le encaminaba. Diose priesa a caminar, y llegó a ella a tiempo que anochecía.

Estaban acaso[2] a la puerta dos mujeres mozas, destas que llaman *del partido*[3], las cuales iban a Sevilla con unos arrieros[4] que en la venta aquella noche acertaron a hacer jornada; y como a nuestro aventurero todo cuanto[5] pensaba, veía o imaginaba le parecía ser hecho y pasar al modo de lo que había leído, luego que vio la venta se le representó que era un castillo con sus cuatro torres y chapiteles de luciente plata, sin faltarle su puente levadiza y honda cava, con todos aquellos adherentes que semejantes[6] castillos se pintan. Fuese llegando a[7] la venta, que a él le parecía castillo, y a poco trecho[8] della detuvo las riendas a Rocinante, esperando que[9] algún enano se pusiese entre las almenas a dar señal con alguna trompeta de que llegaba caballero al castillo. Pero como vio que se tardaban y que Rocinante se daba priesa por llegar a la caballeriza, se llegó a la puerta de la venta, y vio a las dos distraídas mozas que allí estaban, que a él le parecieron dos hermosas doncellas o dos graciosas damas que delante de la puerta del castillo se estaban solazando.

---

1. **pudiese** : équivaut à un cond.
2. **estaban acaso...** = *par hasard* ; mais aussi : **acaso + subj.** = **acaso venga** : *peut-être*.
3. au XVe s. **la mujer del partido** se prostituait sans dépendre de quiconque. **La ramera** vivait en maison signalée par un **ramo**.
4. **harriero** : **arriero**.
5. **todo cuanto** : **todo lo que**.

il regardait de toutes parts à la recherche d'un château, d'une cabane de bergers, où il pourrait se retirer et satisfaire sa grande faim quand il vit, tout près du chemin qu'il suivait, une auberge ; ce fut comme s'il voyait une étoile qui le conduisait non pas à la crèche mais au palais d'où lui viendrait le salut. En toute hâte il s'y rendit et y arriva à la nuit tombante.

Le hasard voulut qu'à la porte se trouvent deux filles, filles de joie comme on les appelle, en route pour Séville en compagnie de muletiers qui, ce jour-là, faisaient étape à l'auberge ; et comme tout ce que pensait, voyait ou imaginait notre aventurier lui semblait taillé à la mesure de ce qu'il avait lu, à peine aperçut-il l'auberge qu'il y vit un château flanqué de quatre tours et chapiteaux d'argent étincelant, sans oublier le pont-levis, les douves profondes et tous les accessoires qui font partie de la description de semblables châteaux. Il s'approcha de l'auberge qu'il prenait pour un château et, lorsqu'il en fut tout près, freina Rossinante, attendant que quelque nain vînt, entre les créneaux, signaler d'un coup de trompette l'arrivée d'un chevalier au château. Voyant qu'il tardait, que Rossinante avait hâte de rejoindre l'écurie, il s'approcha de la porte de l'auberge et y vit les deux jeunes dévoyées qu'il prit pour deux belles jeunes filles ou deux gracieuses dames qui, à la porte de leur château, se donnaient de la distraction.

---

6. **que semejantes castillos** : **con que semejantes**.
7. **llegarse a** : **acercase à** = *s'approcher de*. **Fuese llegando** : **se fue llegando**. **Ir** + gér. : cf.note 1, p. 30.
8. **a poco trecho** : ici exprime la distance mais peut également exprimer le temps: **te esperé largo trecho** = *un grand moment*.
9. **esperando que + subj.** : emploi habituel.

En esto sucedió acaso que un porquero que andaba recogiendo de unos rastrojos una manada de puercos (que, sin perdón, así se llaman) tocó[1] un cuerno, a cuya señal[2] ellos se recogen, y al instante[3] se le representó a don Quijote lo que deseaba, que era que algún enano hacía señal de su venida, y así, con extraño contento llegó a la venta y a las damas, las cuales, como vieron venir un hombre de aquella suerte armado, y con lanza y adarga, llenas de miedo se iban a entrar en la venta; pero don Quijote, coligiendo[4] por su huida su miedo, alzándose la visera de papelón y descubriendo su seco y polvoroso rostro, con gentil talante y voz reposada, les dijo:

–Non[5] fuyan las vuestras mercedes, ni teman desaguisado alguno; ca[6] a la orden de caballería que profeso non toca ni atañe facerle a ninguno, cuanto más[7] a tan altas doncellas como vuestras presencias demuestran.

Mirábanle las mozas, y andaban con los ojos buscándole el rostro, que la mala visera le encubría; mas como se oyeron[8] llamar doncellas, cosa tan fuera[9] de su profesión, no pudieron tener la risa, y fue de manera que don Quijote vino a correrse y a decirles:

–Bien parece la mesura en las fermosas, y es mucha sandez, además, la risa que de leve causa procede; pero no vos[10] lo digo porque[11] os acuitedes[12] ni mostredes mal talante; que el mío non es de ál[13] que de serviros.

---

1. **tocar** : *toucher* mais aussi *jouer d'un instrument* : **tocar el piano**.
2. **a cuya señal** : *au signal duquel* (**señal** compl. du mot **cuerno**).
3. **al instante** = **en el momento** : *sur le champ, instantanément.*
4. **coligiendo** : gér. de **colegir**. Cf. conjugaison **pedir**.
5. **non** : arch. = **no**. **Non fuyan** = **no huyan** : prés. subj. de **huir**. Impér. négatif.

Là-dessus, le hasard voulut qu'un porcher ramenât des chaumes son troupeau de cochons (mille pardons, mais c'est leur nom) et soufflât dans une corne le signal de leur rassemblement ; aussitôt don Quichotte crut voir ce qu'il souhaitait, à savoir un nain signalant sa venue et c'est donc pris d'une étrange satisfaction qu'il se trouva près de l'auberge et des dames : ces dernières, voyant s'approcher un homme harnaché de la sorte, avec sa lance et son écu, allaient, saisies de peur, entrer dans l'auberge ; don Quichotte, déduisant que la peur les faisait fuir, leva sa visière de carton, découvrit son visage sec et poussiéreux et, d'une voix calme, leur dit aimablement : « Que Vos Grâces ne s'enfuient point : elles n'ont à redouter aucun mal car les lois de la chevalerie dont je me réclame m'imposent de n'en faire à personne et encore moins à des dames de haut rang, comme on peut en juger à vous voir ».

Les filles le regardaient et cherchaient à distinguer son visage que la mauvaise visière recouvrait ; mais quand elles s'entendirent appeler dames, mot si rare dans leur profession, elles ne purent s'empêcher de rire au point que don Quichotte, rouge de confusion, leur dit : « La retenue sied à la beauté et rire de rien est bien grande sottise ; mais je ne veux, par ces mots, ni vous chagriner ni vous mettre dans de mauvaises dispositions, les miennes étant vous servir, et rien d'autre ».

---

6. **ca** : arch. = **porque**. Langue du Moyen Age, effet comique.
7. **cuanto más** = *à plus forte raison.*
8. **como se oyeron** = **cuando se oyeron**.
9. **fuera de** = *en dehors de.* Contr. = **dentro de**.
10. **vos** : arch. = **os**.
11. **porque + subj.** : arch. = **para que** : *afin que.*
12. **acuitedes, mostredes** : verbes acuitar, mostrar = **acuitéis, mostréis**.
13. **non es de al** : arch. **Al**, du latin **aliud** : *autre.*

El lenguaje, no entendido de las señoras, y el mal talle de nuestro caballero acrecentaba en ellas la risa, y en él el enojo, y pasara muy adelante1 si a aque[1] punto[2] no saliera el ventero, hombre que, por ser muy gordo[3], era muy pacífico, el cual, viendo aquella figura contrahecha, armada de armas tan desiguales como eran la brida, lanza, adarga y coselete, no estuvo en nada[4] en acompañar a las doncellas en las muestras de su contento.

Mas, en efeto[5], temiendo la máquina de tantos pertrechos, determinó[6] de hablarle comedidamente, y así le dijo:

–Si vuestra merced, señor caballero, busca posada, amén[7] del lecho (porque en esta venta no hay ninguno), todo lo demás se hallará en ella en mucha abundancia.

Viendo don Quijote la humildad del alcaide de la fortaleza, que tal le pareció a él el ventero y la venta, respondió:

–Para mí, señor castellano[8], cualquiera cosa[9] basta, porque mis arreos[10] son las armas, mi descanso el pelear, etc.

Pensó el huésped[11] que el haberle[12] llamado castellano había sido por haberle parecido de los sanos de Castilla[13], aunque él[14] era andaluz[15], y de los de la playa de Sanlúcar, no menos ladrón que Caco, ni menos maleante que estudiante o paje, y así le respondió:

–Según eso, las camas[16] de vuestra merced serán duras peñas, y su dormir, siempre velar; y siendo así, bien se puede apear, con seguridad de hallar en esta choza ocasión y ocasiones para no dormir en todo un año, cuanto más en una noche.

---

1. **pasara muy adelante** : imp. subj. : **hubiera pasado**.
2. **aquel punto** : **en aquel instante**. **Aquel** donne de l'emphase à l'expression.
3. **por ser gordo** = expr. de la concession : *bien que gros, malgré sa corpulence*.
4. **no estuvo en nada acompañar** : **estuvo a punto de** = *sur le point de*.
5. **en efeto** : arch. **en efecto**.
6. **determinó de** : auj. **determinar** + inf. Cf. **decidir** + inf. *directement*.
7. **amén de** : arch. = **excepto** : *sauf*. Auj. : *outre, en plus de*.

Ce langage que les femmes n'entendaient point, ajouté à l'allure étrange de notre chevalier, accroissait chez elles le rire et, chez lui, l'irritation et les choses seraient allées plus loin si, à cet instant précis, l'aubergiste, un homme fort corpulent et l'air paisible cependant, n'était sorti ; à la vue de cette silhouette informe équipée d'un matériel si disparate – la bride, la lance, le bouclier, le corselet enfin – l'homme fut à deux doigts de suivre les demoiselles dans leur effusion de joie ; mais, effrayé lui aussi par tout cet attirail guerrier, il décida de lui parler posément et en ces termes : « Si Votre Grâce, seigneur chevalier, cherche à se loger, elle trouvera, ici, tout et en abondance, à l'exception d'un lit, car nous n'en avons pas ».

Devant l'humilité du commandant de la forteresse qu'il croyait voir dans l'aubergiste et son auberge, don Quichotte répondit : il me suffit de peu de choses, seigneur châtelain, car « *mes parures sont mes armes, mon repos le combat...* » ;

L'aubergiste pensa qu'en l'appelant ainsi don Quichotte assimilait châtelain et castillan, alors qu'il était andalou, du genre qui sévit sur la plage de Sanlucar, voleur comme Cacus et malin comme un page ou un écolier. Il répondit donc : s'il en est ainsi, « *la couche de Votre Grâce est une roche dure et son sommeil n'est que veille* » ; dans ce cas, vous pouvez mettre pied à terre avec l'assurance de trouver, dans cette humble demeure, moultes occasions de ne fermer l'œil ni cette nuit ni aucune autre dans l'année.

---

8. **castellano** : jeu de mots : *castillan ou châtelain.*
9. **cualquiera cosa** : arch. = *n'importe quelle chose.* Auj. **cualquier cosa**, **cualquier año**. **Cualquier** s'apocope devant un n. sing.
10. **mis arreos...** vers d'un vieux « romance » très populaire. Un « romance » est un poème de longueur variable écrit en octosyllabes, et dont les vers pairs sont assonancés.
11. **el huésped** : l'hôte dans ses deux sens, ici : *l'aubergiste.* **Una casa de huéspedes** : *maison de famille.*
12. **el haberle** : *le fait de l'avoir.*
13. **los sanos de Castilla** : en argot de voyous : *voleurs.*
14. **aunque + indic.** : *bien que.*
15. **andaluz** : les Andalous avaient la réputation d'être, à l'époque, de fameux voleurs. **Sanlúcar** était un lieu de rassemblement des vagabonds et des voyous.
16. **las camas... velar** : l'aubergiste cite la suite du « romance » entamé par don Quichotte.

Y, diciendo esto, fue a tener el estribo a don Quijote, el cual se apeó con mucha dificultad y trabajo, como aquél que en todo aquel día no se había desayunado[1].

Dijo luego al huésped que le tuviese mucho cuidado de su caballo, porque era la mejor pieza que comía pan[2] en el mundo. Miróle el ventero, y no le pareció tan bueno como don Quijote decía, ni aun[3] la mitad; y acomodándole en la caballeriza, volvió a ver lo que su huésped mandaba, al cual estaban desarmando las doncellas, que ya se habían reconciliado con él; las cuales, aunque le habían quitado el peto y el espaldar, jamás supieron ni pudieron desencajarle la gola, ni quitalle[4] la contrahecha celada, que traía atada con unas cintas verdes, y era menester cortarlas, por no poderse[5] quitar los ñudos[6]; mas él no lo quiso consentir en ninguna manera, y así, se quedó toda aquella noche con la celada puesta, que era la más graciosa y extraña figura que se pudiera pensar; y al desarmarle[7], como él se imaginaba que aquellas traídas y llevadas[8] que le desarmaban eran algunas principales señoras y damas de aquel castillo, les dijo con mucho donaire:

–Nunca fuera[9] caballero
De damas tan bien servido
Como fuera don Quijote
Cuando de su aldea vino:
Doncellas curaban dél;
Princesas, del su rocino.

---

1. **desayunarse** = **desayunar**.
2. **pan** : désignait les *céréales*, blé, avoine, orge.
3. **aun** = *même*. Diff. de **aún** = **todavía** : *encore*.
4. **quitalle** : **quitarle**.
5. **por no poder**... : expression de la cause = **porque no podían**.
6. **ñudo** : arch. = **nudo**.

Ayant dit cela, il vint tenir l'étrier à don Quichotte qui mit pied à terre avec les difficultés et les efforts de quelqu'un qui n'a rien pris de la journée.

Don Quichotte demanda alors à son hôte de prendre grand soin de son cheval car, de tous les animaux mangeurs d'avoine, c'était, dit-il, vraiment le meilleur. L'aubergiste l'examina, ne lui trouvant point si belle allure que don Quichotte l'affirmait, loin de là ; il l'installa dans l'écurie puis revint voir ce que son client désirait, client que les filles, désormais réconciliées avec lui, dépouillaient de son harnachement : elles ôtèrent d'abord le plastron et le dos, mais ne surent ni ne purent jamais déboîter le gorgerin ni lui ôter cette imitation de heaume nouée avec des rubans verts qui, faute d'en pouvoir défaire les nœuds, demandaient à être coupés. Don Quichotte refusa net et passa la nuit ainsi, le heaume sur la tête, offrant la figure la plus drôle et la plus étrange qu'on pût imaginer ; et tandis qu'elles procédaient, comme il voyait dans ces deux traînées quelques nobles et gentes dames de ce château, il leur dit très finement :

Jamais il n'y eut chevalier
Par des dames aussi bien servi
Que don Quichotte
De son village parti.
Damoiselles en prenaient grand soin
Et princesses de son roussin.

---

7. **al desarmarle** : al + inf. : *au moment où, tandis que.*
8. **aquellas traídas y llevadas** : adj. que l'on utiliserait pour un vêtement très usé. Jeu de mots qui nous échappe (une traduction autour du verbe *mettre, se faire mettre* exprimerait une vulgarité qui n'est pas dans le texte).
9. **fuera** : verbe **ser** = **ha sido**.

O Rocinante, que éste es el nombre, señoras mías, de mi caballo, y don Quijote de la Mancha el mío; que, puesto que[1] no quisiera descubrirme fasta[2] que las fazañas fechas en vuestro servicio y pro me descubrieran, la fuerza de acomodar al propósito presente este romance viejo de Lanzarote ha sido causa que sepáis[3] mi nombre antes de toda sazón; pero, tiempo vendrá en que las vuestras señorías me manden y yo obedezca[4], y el valor de mi brazo descubra el deseo que tengo de serviros. Las mozas, que no estaban hechas a oír semejantes retóricas, no respondían palabra; sólo le preguntaron si quería comer alguna cosa.

–Cualquiera[5] yantaría[6] yo -respondió don Quijote-, porque, a lo que entiendo, me haría mucho al caso[7].

A dicha[8], acertó a ser viernes aquel día, y no[9] había en toda la venta sino unas raciones de un pescado que en Castilla llaman abadejo, y en Andalucía bacallao, y en otras partes curadillo, y en otras truchuela. Preguntáronle si por ventura comería su merced truchuela[10]; que no había otro pescado que dalle a comer[11].

–Como haya[12] muchas truchuelas -respondió don Quijote-, podrán servir de una trucha; porque eso se me da[13] que me den ocho reales en sencillos que en una pieza de a ocho. Cuanto más[14], que podría ser que fuesen estas truchuelas como la ternera, que es mejor que la vaca, y el cabrito que el cabrón. Pero, sea lo que fuere[15], venga luego[16]; que el trabajo y peso de las armas no se puede llevar sin el gobierno de las tripas.

---

1. **puesto que** = **aunque** : *bien que.*
2. **fasta, fazañas, fechas** : auj. ces mots commencent par « h ».
3. **sepáis** : **saber** prés. subj.
4. **obedezca** : **obedecer** prés. subj.
5. **cualquiera** : ici **cualquier cosa**.
6. **yantar** : arch. = **comer**.
7. **hacer al caso** = *venir à propos* ; mais **hacerle caso a uno** = *faire attention à* ; **no le hagas caso** = *ne fais pas attention.*
8. **a dicha** = **por casualidad** : *par hasard.* Aussi **por dicha** = **por suerte**, **por ventura**.
9. **no... sino** = **no... más que, sólo**.

Ou Rossinante car tel est le nom, gentes dames, de mon cheval comme don Quichotte de la Manche est le mien. Bien que je n'aie, en effet, pas souhaité me faire connaître avant que les exploits accomplis pour vous servir et vous rendre hommage ne me fassent connaître d'eux-mêmes, la nécessité d'accommoder à la situation présente ce vieux romance de Lancelot a fait que vous connaissez mon nom plus tôt que prévu. Le temps viendra où vos seigneuries me donneront des ordres auxquels j'obéirai et où mon bras vaillant révélera le désir que j'ai de les servir. Les filles, peu habituées à de semblables discours, restaient muettes, se contentant de lui demander s'il voulait manger quelque chose.

– Je mangerai n'importe quoi, répondit don Quichotte et ça viendrait, je crois, fort à propos.

Le hasard voulut qu'on soit vendredi et il n'y avait dans l'auberge que quelques morceaux d'un poisson que l'on appelle cabillaud en Castille, morue en Andalousie, quand ce n'est pas merluche ou truitelle ici ou là. Ils lui demandèrent si, d'aventure, Sa Grâce mangerait des truitelles car c'était le seul poisson qu'on lui pouvait servir.

– Quantité de truitelles vaudront bien une truite, répondit don Quichotte. Que l'on me donne huit réaux en monnaie ou en une seule pièce, je ne vois pas la différence. D'autant qu'il pourrait en être des truitelles comme du veau, plus délicat que le bœuf, ou le chevreau meilleur que la chèvre. Mais quoi qu'il en soit, que l'on ne tarde point car, pour supporter cet armement pesant, il faut avoir l'estomac satisfait.

---

10. **truchuelas** : diminutif de truite, *petite truite*, mais aussi *morue séchée*. **Truchuelas**, **truchas** : don Quichotte semble ne connaître que la truite, quelle que soit sa taille.
11. **dalle a comer** : auj. **darle de comer**.
12. **como haya** : **como** + subj. : *du moment que, pourvu que*.
13. **eso se me da** : **me dal igual que**, **me da lo mismo** : *ça m'est égal que*.
14. **cuanto más** : *d'autant plus*.
15. **sea lo que fuere** (fut. subj.) = *quoi qu'il en soit* = **sea lo que sea**.
16. **luego** = ici, *tout de suite*. Généralement : *puis, ensuite*.

Pusiéronle la mesa a la puerta de la venta, por el fresco, y trújole[1] el huésped una porción del mal remojado y peor cocido bacallao y un pan tan negro y mugriento como sus armas; pero era materia de grande risa[2] verle comer, porque, como tenía puesta la celada y alzada la visera, no podía poner nada en la boca con sus manos si otro no se lo daba y ponía, y ansí, una de aquellas señoras servía deste menester. Mas al darle de beber[3], no fue posible[4], ni lo fuera si el ventero no horadara[5] una caña, y puesto el un cabo[6] en la boca, por el otro le iba echando el vino; y todo esto lo recebía en paciencia, a trueco de[7] no romper las cintas de la celada. Estando en esto, llegó acaso[8] a la venta un castrador de puercos; y, así como[9] llegó, sonó su silbato de cañas[10] cuatro o cinco veces, con lo cual acabó de confirmar don Quijote que estaba en algún famoso castillo, y que le servían con música, y que el abadejo eran truchas; el pan candeal, y las rameras, damas, y el ventero castellano del castillo, y con esto daba por bien empleada su determinación y salida. Mas lo que más le fatigaba era el no verse armado caballero, por parecerle que no se podría poner legítimamente en aventura alguna sin recebir la orden de caballería.

---

1. **trújole** : prét. arch. de **traer**. Auj. **trájole**.
2. **grande risa** : auj. **gran risa**. Apocope devant un n. sing.
3. **dar de beber** = *donner à boire*.
4. **no fue posible, ni lo fuera** = **ni hubiera sido posible**.
5. **no horadara** = **no hubiera horadado**.
6. **el un cabo** = **uno de los cabos**.

On dressa la table à la porte de l'auberge parce qu'il y faisait frais et l'aubergiste apporta à don Quichotte un morceau de morue piètrement dessalée et cuite plus mal encore, accompagnée d'un pain aussi noir et douteux que son équipement ; mais il y avait de quoi rire à le voir manger car, comme il avait toujours son heaume sur la tête avec la visière relevée, il ne pouvait rien porter lui-même à la bouche et attendait qu'on l'aidât et le nourrît, service qu'assurait une des femmes. Quant à lui donner à boire, ce n'était pas possible et ce ne le fut que parce que l'aubergiste évida un roseau, lui en mit une extrémité dans la bouche et versa le vin dans l'autre. Et tout cela il l'acceptait patiemment juste pour sauvegarder ses rubans. Là-dessus, le hasard voulut qu'un châtreur de porcs arrivât à l'auberge et qu'à peine arrivé, il égrenât quatre ou cinq notes sur sa flûte de Pan ; don Quichotte y vit l'ultime confirmation qu'il se trouvait dans un château connu, qu'on le servait en musique, que la morue était des truites, le pain noir du froment, les prostituées des dames, l'aubergiste un châtelain et il était heureux de sa décision et de cette journée bien employée. Mais ce qui le chagrinait, c'était de ne pas être armé chevalier car il pensait qu'il ne pourrait légitimement se lancer dans une aventure qu'après son adoubement.

---

7. **a trueco de** = **a trueque de + inf.** ou **con tal que + subj.** = *pourvu que.*
8. **acaso** = **por casualidad**.
9. **así como** = *dès que.*
10. **cañas**= *roseau.* Ici il s'agit d'une sorte de flûte de Pan.

On dressa la table à la porte de l'auberge parce qu'il y faisait [illegible] et l'hôte apporta à don Quichotte un morceau de [illegible] et [illegible] aussi noir et [illegible] que son équipement. [illegible] il y avait de quoi rire à le voir manger, car comme il avait [illegible] la salade sur la tête, avec la visière [illegible], il ne pouvait rien porter [illegible] bouche [illegible] [illegible]

[illegible] Mais lorsque [illegible] état de [illegible] [illegible] [illegible] [illegible] [illegible] [illegible].

1. [illegible]
2. [illegible] — personalidad
   así como [illegible]
3. [illegible]

Troisième extrait

Première partie – Chapitre 8

Del buen suceso[1] que el valeroso don Quijote tuvo en la espantable y jamás imaginada aventura de los molinos de viento, con otros sucesos dignos de felice[2] recordación

Du brillant succès que le valeureux don Quichotte connut lors de l'épouvantable et inimaginable aventure des moulins à vent, et d'autres événements dignes d'heureuse mémoire.

[Sitôt son repas achevé, don Quichotte se fait armer chevalier par l'aubergiste et peut, enfin, partir en quête d'aventures. Il rencontre Andrès qu'il retrouvera au chapitre 31 (6e extrait). Lorsqu'il rentre chez lui, blessé, le curé, le barbier et la gouvernante décident de brûler ses romans de chevalerie et de murer son cabinet de lecture.]

---

1. **suceso** : **lo que sucede** = *événement*, mais aussi *réussite*.
2. **felice** = **feliz**.

En esto, descubrieron treinta o cuarenta molinos de viento que hay en aquel campo, y así como don Quijote los vio, dijo a su escudero:

–La ventura va guiando nuestras cosas mejor de lo que acertáramos[1] a desear; porque ves allí, amigo Sancho Panza[2], donde se descubren treinta, o pocos más, desaforados gigantes, con quien pienso hacer batalla y quitarles a todos las vidas, con cuyos despojos[3] comenzaremos a enriquecer; que ésta es buena guerra, y es gran servicio de Dios quitar tan mala simiente de sobre la faz de la tierra.

–¿Qué gigantes? -dijo Sancho Panza.

–Aquéllos que allí ves -respondió su amo- de los brazos[4] largos, que los suelen tener algunos de casi dos leguas.

–Mire vuestra merced -respondió Sancho- que aquéllos que allí se parecen no son gigantes, sino molinos de viento, y lo que en ellos parecen brazos son las aspas, que, volteadas del viento, hacen andar la piedra del molino.

–Bien parece -respondió don Quijote- que no estás cursado[5] en esto de las aventuras: ellos son gigantes; y si tienes miedo, quítate de ahí, y ponte[6] en oración en el espacio[7] que yo voy a entrar con ellos en fiera y desigual batalla.

Y diciendo esto, dio de espuelas a su caballo Rocinante, sin atender a las voces que su escudero Sancho le daba, advirtiéndole que, sin duda alguna, eran molinos de viento, y no gigantes, aquéllos que iba a acometer. Pero él iba tan puesto[8] en que eran gigantes, que ni oía las voces de su escudero Sancho, ni echaba de ver, aunque estaba ya bien cerca, lo que eran.

---

1. **acertáramos** : imp. subj. : *au-delà de ce que nous pourrions...*
2. **Sancho Panza** : paysan du voisinage que don Quichotte a convaincu de le suivre comme écuyer en lui faisant miroiter des aventures et les bénéfices qu'il pourrait en tirer (Cf. dernier extrait : le gouvernorat d'une île).
3. **cuyos despojos** : **los despojos de los gigantes**. **Despojos** : le soldat avait le droit de s'enrichir des dépouilles des vaincus lorsque la guerre était considérée comme « **buena** » = *juste*.

Là-dessus, ils découvrirent trente ou quarante moulins à vent construits là et dès que don Quichotte les vit, il dit à son écuyer :
– La fortune conduit nos affaires au-delà de toute espérance, ami Sancho Panza, car voici que s'annonce une bonne trentaine de géants démesurés que je vais défier en combat sans en laisser un seul en vie : avec leurs dépouilles nous commencerons à nous enrichir car cette guerre est juste et l'on sert Dieu à faire disparaître de la surface de la terre une si mauvaise graine.
– Quels géants ? dit Sancho Panza
– Là, tu les vois bien, répondit son maître, avec leurs grands bras qui, chez certains, atteignent presque deux lieues.
– Mais non, Votre Grâce, ce que vous voyez là, ce ne sont pas des géants mais des moulins à vent et ce que vous prenez pour leurs bras ce sont leurs ailes qui, poussées par le vent, font tourner la meule.
– On voit bien, répondit don Quichotte, que tu n'es pas instruit en matière d'aventures : ce sont des géants et si tu as peur, ôte-toi de là et mets-toi à prier cependant que je livre contre eux un combat inégal et terrible.

Et, ce disant, il éperonna son cheval Rossinante, sans prêter attention aux avertissements de son écuyer Sancho qui lui criait que c'était des moulins à vent et non des géants qu'il allait attaquer. Mais lui était si convaincu d'avoir face à lui des géants qu'il n'entendait pas les cris de son écuyer et ne parvenait pas, malgré la faible distance qui les séparait, à voir ce qu'il en était.

---

4. **de los brazos** : prép. **de** annonce la qualité attribuée à la personne ; ex. **la chica de ojos azules**.
5. **no estás cursado en** = *être versé en*. Cf. **cursar estudios** : *faire des études*.
6. **ponte** : imp. de **poner**, 2e p. du sing.
7. **en el espacio** : *espace* ou *temps*.
8. **tan puesto** : pp. de **poner** : **tan empeñado**, **tan afirmado**.

Antes[1] iba diciendo en voces altas:

–Non fuyades, cobardes y viles criaturas; que un solo caballero es el que os acomete.

Levantóse en esto un poco de viento, y las grandes aspas comenzaron a moverse, lo cual visto por don Quijote, dijo:

–Pues aunque mováis más brazos que los del gigante Briareo[2], me lo habéis de[3] pagar.

Y diciendo esto, y encomendándose de todo corazón a su señora Dulcinea, pidiéndole que en tal trance le socorriese[4], bien cubierto de su rodela[5], con la lanza en el ristre[6], arremetió a todo el galope de Rocinante y embistió con el primero molino[7] que estaba delante; y dándole una lanzada[8] en el aspa[9], la volvió el viento con tanta furia, que hizo la lanza pedazos[10], llevándose tras sí al caballo y al caballero, que fue rodando muy maltrecho por el campo. Acudió Sancho Panza a socorrerle, a todo el correr[11] de su asno, y cuando llegó halló que no se podía menear: tal fue el golpe que dio con él Rocinante.

–¡Válame Dios! -dijo Sancho-. ¿No le dije yo a vuestra merced que mirase bien lo que hacía, que no eran sino molinos de viento, y no lo podía ignorar sino quien llevase otros tales[12] en la cabeza?

–Calla, amigo Sancho -respondió don Quijote-; que las cosas de la guerra, más que otras, están sujetas a continua mudanza; cuanto más, que yo pienso, y es así verdad, que aquel sabio Frestón que me robó el aposento y los libros[13] ha vuelto[14] estos gigantes en molinos por quitarme la gloria de su vencimiento:

---

1. **antes** : *bien au contraire*.
2. **Briareo** : un des titans à 100 bras de la mythologie.
3. **haber de** : obligation = futur.
4. **socorriese** : imp. subj. induit par **pedir** et la concordance des temps.
5. **rodela** : écu rond et léger.
6. **la lanza en el ristre** : mot à mot : la lance calée dans le butoir = *la lance en arrêt*.
7. **primero molino** : auj. apocope obligatoire.
8. **una lanzada** : *un coup de lance*. **-ada** : suffixe pour les armes blanches, ou encore **una campanada** : *un coup de cloche*, **una nevada** : *une chute de neige*. **-azo** manifeste la violence : **un latigazo** : *un coup de fouet*, **un hachazo**, **un cañonazo** : *un coup de hache*, *un coup de canon*.

Au contraire, il disait à grands cris :
– Ne fuyez pas, lâches et viles créatures, c'est un chevalier seul qui vous attaque.
Sur ce, un léger vent se leva et les grandes ailes commencèrent à tourner. À cette vue, don Quichotte dit :
– Vous pouvez bien agiter plus de bras que le géant Briarée n'en avait, mais il va vous falloir en découdre.

Là-dessus, il se recommanda du fond du cœur à sa dame Dulcinée et la pria de lui venir en aide en ce grave danger ; puis, bien protégé par sa rondache et la lance en arrêt, il lança Rossinante au galop, chargea le premier moulin qu'il trouva et en perça l'aile d'un coup de lance ; mais le vent la fit tourner si violemment que la lance se brisa, emportant après elle cheval et chevalier lequel roula, bien mal en point, dans la poussière. Sancho Panza se précipita à son secours aussi vite que son âne le put et vit qu'il lui était impossible de bouger tant la chute avait été lourde pour lui et pour Rossinante.
– Grands Dieux ! dit Sancho, ne vous avais-je pas dit de regarder ce que vous faisiez, que ce n'était que des moulins à vent et que, pour ne pas en convenir, il fallait bien en avoir qui tournent dans la tête ?
– Tais-toi, ami Sancho, rétorqua don Quichotte. Les choses de la guerre sont, plus que toutes autres, sujettes à de fréquentes fluctuations ; d'autant plus que je pense vraiment que ce savant Freston – qui a pillé mes livres et mon cabinet – a changé les géants en moulins pour me voler la gloire d'une victoire sur eux :

---

9. **el aspa** : m. f. (**las aspas**). Art. masc. pour éviter « **la aspa** ».
10. **hizo la lanza pedazos** : **hacer pedazos** : *mettre en pièces.*
11. **a todo el correr** : *à toute vitesse.*
12. **otros tales** : c. à d. **otros molinos**.
13. **robó el aposento y los libros** : au chap. 7, suite à la 1re sortie de don Quichotte, le curé, le barbier, la gouvernante et la nièce ont brûlé ses romans de chevalerie et muré les issues de son cabinet, invoquant l'intervention d'un enchanteur.
14. **ha vuelto – volver** : ici, *transformer, changer.*

tal es la enemistad que me tiene; mas al cabo al cabo[1], han de poder poco sus malas artes[2] contra la bondad de mi espada.

–Dios lo haga como puede -respondió Sancho Panza.

Y, ayudándole a levantar, tornó a subir sobre Rocinante, que medio despaldado estaba. Y, hablando[3] en la pasada aventura[4], siguieron el camino del Puerto Lápice, porque allí decía don Quijote que no era posible dejar de[5] hallarse muchas y diversas aventuras, por ser lugar muy pasajero[6], sino que iba muy pesaroso, por haberle faltado la lanza; y diciéndoselo a su escudero, le dijo:

–Yo me acuerdo haber leído que un caballero español llamado Diego Pérez de Vargas, habiéndosele[7] en una batalla roto la espada, desgajó de una encina[8] un pesado ramo o tronco, y con él hizo tales cosas aquel día, y machacó tantos moros, que le quedó por sobrenombre Machuca[9], y así él como sus decendientes se llamaron desde aquel día en adelante Vargas y Machuca. Hete dicho esto porque de la primera encina o roble[10] que se me depare pienso desgajar otro tronco, tal y tan bueno como aquél[11] que me imagino; y pienso hacer con él tales hazañas, que tú te tengas[12] por bien afortunado[13] de haber merecido venir a vella, y a ser testigo de cosas que apenas podrán ser creídas.

–A la mano de Dios -dijo Sancho-; yo lo creo todo así como vuestra merced lo dice; pero enderécese[14] un poco; que parece que va de medio lado, y debe de ser del molimiento[15] de la caída.

---

1. **al cabo al cabo** = **al fin y al cabo**.
2. **malas artes**, fém. : *les maléfices*. **Las bellas artes** : *les beaux arts*.
3. **hablar en un asunto** = **hablar de**.
4. **pasada aventura**, ici : *récente*. **El año pasado** = *l'an dernier* mais **el tiempo pasado** = *le temps passé*.
5. **dejar de** = *ne pas y avoir*... auj. **dejar de** = *cesser de*.
6. **pasajero** : la route de Villarta à Tolède est, au XVIe s., très fréquentée.
7. **habiendósele... rota la espada** : on aurait pu écrire : **cuya espada se le había roto**.
8. **encina** = *l'yeuse* (chêne vert).

il me déteste tant... Mais à la fin des fins mon épée généreuse l'emportera sur ses envoûtements.

– À la grâce de Dieu, reprit Sancho, qui l'aida à se relever et à remonter sur Rossinante dont l'échine était presque rompue.

Tout en parlant de leur récente aventure, ils poursuivirent en direction de Puerto Lapice, lieu de grand passage où, selon don Quichotte, ne pouvaient manquer de se présenter des aventures multiples et diverses ; mais spécialement triste d'avoir perdu sa lance, il s'adressa à son écuyer et lui dit :

– Je me rappelle avoir lu qu'un chevalier espagnol du nom de Diego Pérez de Vargas dont l'épée s'était brisée au cours d'une bataille, arracha d'une yeuse une branche énorme et pesante, et fit ce jour-là de telles choses, écrasa tant de Maures, qu'il lui resta le surnom d'Ecraseur et, à compter de ce jour, lui et ses descendants portèrent le nom de Vargas-Ecraseur. Je te raconte cela car, dès que je trouve une yeuse ou un rouvre, je compte, moi aussi, arracher une branche semblable à ce que j'imagine de l'autre, et aussi grosse qu'elle ; et j'accomplirai de tels exploits que tu t'estimeras heureux d'avoir été digne de les voir et le témoin de choses à peine croyables.

– Qu'il en soit ainsi, reprit Sancho, moi je crois tout ce que votre grâce peut dire. Mais redressez-vous un peu, on dirait que vous êtes de travers : c'est sans doute que vous êtes moulu de votre chute.

---

9. **Machuca** : cet épisode du siège de Jérez, sous Ferdinand III, est connu grâce à un « romance » (cf. note 9, p. 39).
10. **el roble** = *le rouvre* (chêne commun).
11. **aquel** sous-entendu **tronco**, c. à. d, celui de l'histoire. Aquel exprime l'éloignement dans le temps et l'admiration ressentie par don Quichotte. Cf. **aquel día**.
12. **que tú te tengas** : à traduire par un futur.
13. **afortunado** = *heureux* car il a de la chance (la fortune).
14. **enderécese** : impér. de **enderezar**, 3ᵉ pers. du sing.
15. **el molimiento** : cf. **estar molido** = *être vanné*, *brisé*, *rompu*...

–Así es la verdad -respondió don Quijote-; y si no me quejo del dolor, es porque no es dado a los caballeros andantes quejarse[1] de herida alguna, aunque se le salgan las tripas por ella.

–Si eso es así, no tengo yo qué replicar -respondió Sancho-; pero sabe Dios si yo me holgara[2] que vuestra merced se quejara cuando alguna cosa le doliera. De mí[3] sé decir que me he de quejar del más pequeño dolor que tenga, si ya no se entiende también[4] con los escuderos de los caballeros andantes eso del no quejarse.

No se dejó de reír don Quijote de la simplicidad[5] de su escudero; y así, le declaró que podía muy bien quejarse como y cuando quisiese, sin gana o con ella; que hasta entonces no había leído cosa en contrario en la orden de caballería. Díjole Sancho que mirase que era hora de comer. Respondióle su amo que por entonces no le hacía menester[6]; que comiese[7] él cuando se le antojase. Con esta licencia, se acomodó Sancho lo mejor que pudo sobre su jumento, y sacando de las alforjas[8] lo que en ellas había puesto, iba caminando y comiendo detrás de su amo muy de su espacio[9], y de cuando en cuando empinaba la bota[10], con tanto gusto, que le pudiera envidiar el más regalado bodegonero[11] de Málaga. Y en tanto que él iba de aquella manera menudeando[12] tragos, no se le acordaba[13] de ninguna promesa que su amo le hubiese hecho, ni tenía por ningún trabajo[14], sino por mucho descanso, andar buscando las aventuras, por peligrosas que fuesen.

---

1. **quejarse** (*se plaindre*) était interdit à un chevalier par une ordonnance du roi Alphonse de 1368.
2. **yo me holgara** : **me holgaría**. **Que... se quejara cuando alguna cosa le doliera** (concordance des temps ; **cuando** + subj. = fut.).
3. **de mí** = *en ce qui me concerne*.
4. **si ya no se entiende también** = *à moins que*.
5. **simplicidad** : faux ami = *naïveté*. **La sencillez** = *la simplicité* (adj. **sencillo**).
6. **hacer menester** = **hacer falta**.
7. **que comiese**, sous-entendu : **respondióle que**.

– Tu as raison, répondit don Quichotte, et si je ne me plains pas de souffrir, c'est qu'il ne sied pas aux chevaliers errants de se plaindre d'une quelconque blessure, leurs boyaux dussent-ils s'en échapper.

– Puisque c'est comme ça, je n'ai rien à ajouter – répondit Sancho –, mais Dieu sait que je serais ravi de vous entendre vous plaindre si un jour vous souffrez ; en ce qui me concerne, je peux vous dire que je me plaindrai à la moindre douleur, à moins que cette interdiction de se plaindre ne vaille aussi pour les écuyers des chevaliers errants.

Don Quichotte ne put s'empêcher de rire de la naïveté de son écuyer et déclara qu'il pouvait parfaitement se plaindre comme et quand il voudrait, avec ou sans raison car, jusqu'alors dans les règles de la chevalerie, il n'y avait rien qui s'y opposât. Sancho fit alors remarquer que c'était l'heure de manger. Son maître rétorqua qu'il n'en ressentait, pour l'instant, pas le besoin mais que lui pouvait manger quand il le souhaiterait. Fort de cette autorisation, Sancho s'installa du mieux qu'il put sur son âne ; puis il sortit de sa besace les provisions qu'il y avait mises, suivant son maître, mangeant lentement et levant de temps en temps l'outre avec un plaisir à rendre jaloux le plus comblé des taverniers de Malaga. Et tandis qu'il cheminait ainsi, enfilant une gorgée sur l'autre, il oubliait les promesses que son maître pouvait lui avoir faites et courir l'aventure, pour dangereuse qu'elle soit, n'était plus, à ses yeux, une épreuve, mais un aimable délassement.

---

8. **las alforjas** = *la besace, le sac.*
9. **muy de su espacio** = **muy despacio**.
10. **empinar la bota** = mot à mot, *incliner la gourde, l'outre.* Fam. **Empinar el codo** = *lever le coude.*
11. **bodegonero** : *tenancier* de **bodegón** (**cave**). Un **bodegón** est aussi une *nature morte.*
12. **menudear** = *effectuer qqch à plusieurs reprises.* **A menudo** = *souvent.*
13. **no se le acordaba** : on devrait avoir **no se acordaba de ninguna promesa** ou **no se le acordaba ninguna promesa**.
14. **trabajo** = *travail, fatigue.* Aussi *épreuve* : **los trabajos de Hércules**.

En resolución[1], aquella noche la pasaron entre[2] unos árboles, y del uno dellos desgajó don Quijote un ramo seco que casi le podía servir de lanza, y puso en él el hierro que quitó de la que se le había quebrado. Toda aquella noche no durmió don Quijote, pensando en su señora Dulcinea, por acomodarse[3] a lo que había leído en sus libros, cuando los caballeros pasaban sin dormir muchas noches en las florestas y despoblados, entretenidos con las memorias de sus señoras. No la pasó ansí Sancho Panza; que, como tenía el estómago lleno, y no de agua de chicoria, de un sueño se la llevó toda, y no fueran parte[4] para despertarle, si su amo no lo llamara, los rayos del sol, que le daban en el rostro, ni el canto de las aves, que, muchas y muy regocijadamente, la venida del nuevo día saludaban. Al levantarse dio un tiento[5] a la bota, y hallóla algo más flaca que la noche antes, y afligiósele el corazón, por parecerle que no llevaban camino de remediar tan presto su falta. No quiso desayunarse don Quijote, porque, como está dicho, dio en[6] sustentarse de sabrosas memorias. Tornaron a su comenzado camino del Puerto Lápice, y a obra de[7] las tres del día[8] le descubrieron.

Aquí -dijo en viéndole don Quijote- podemos, hermano Sancho Panza, meter las manos hasta los codos[9] en esto que llaman aventuras. Mas advierte que, aunque me veas en los mayores peligros del mundo, no has de poner mano a tu espada para defenderme, si ya no vieres[10] que los que me ofenden es canalla y gente baja, que en tal caso bien puedes ayudarme;

---

1. **en resolución** : exprime la fin d'un discours.
2. **entre** = *entre* ou *parmi, au milieu de.*
3. **por acomadarse** : ici **por** exprime le but. **Acomodarse a** = *être conforme à, au plus près de.*
4. **no fueran parte** = **no hubieran sido parte**. **Ser parte para** = *contribuer à.*
5. **dio un tiento a la bota** : double sens. **Dar un tiento** (cf. **tiento** = **tacto** : *le toucher*) : *tâter* ; mais **dar un tiento a la bota** : fam. = *boire un coup.*

Après cela, ils passèrent la nuit au milieu des arbres ; don Quichotte arracha à l'un d'eux une branche sèche qui pouvait pour un peu lui servir de lance et y ajusta le fer provenant de celle qui s'était brisée. Il ne ferma pas l'œil de la nuit : ses pensées allaient à Dulcinée, sa dame, à l'image de ce qu'il avait trouvé dans ses livres, quand – sous les frondaisons ou en champs découverts – les chevaliers veillaient nuit après nuit, se berçant du souvenir de leurs dames. Il en fut autrement pour Sancho Panza qui, l'estomac rempli, et non d'eau de chicorée, dormit tout d'une traite et si son maître ne l'avait pas appelé, ni les rayons du soleil qui donnaient sur son visage, ni les nombreux chants d'oiseaux qui, joyeusement, saluaient la venue d'une aube nouvelle, ne seraient parvenus à le réveiller. Sitôt levé, il tâta de l'outre et, la trouvant plus plate que la veille, s'en affligea fort car ils n'étaient pas partis pour y porter remède de sitôt. Don Quichotte ne voulut pas déjeuner car, on l'a dit, il se plaisait à se nourrir de délicieux souvenirs. Ils reprirent leur route vers Puerto Lapice et, sur les trois heures de l'après-midi, l'atteignirent.

À sa vue, don Quichotte s'écria : Sancho, mon frère, c'est ici que nous allons plonger jusqu'au cou dans ce que l'on appelle l'aventure. Note cependant que, même si tu me vois dans des périls extrêmes, il t'est interdit de porter la main à ton épée pour me défendre à moins que tu ne me voies attaqué par des canailles ou des gens de rien, auquel cas tu peux me venir en aide ;

---

6. **dio en** = **dar en** : *se plaire à.*
7. **a obra de** = **a eso de** = *aux environs de.* Aussi : sert à déterminer une quantité approximative : **un pedazo de pan u obra de cuatro libras de uvas** (don Quijote).
8. **las tres del día** : **de la tarde**.
9. **meter las manos hasta los codos** : m. à m. : *jusqu'au coude.*
10. **si ya no vieres** : fut. subj. de **ver** : *à moins que, sauf si.*

pero si fueren[1] caballeros, en ninguna manera te es lícito ni concedido por las leyes de caballería que me ayudes, hasta que[2] seas armado caballero.

–Por cierto, señor -respondió Sancho-, que vuestra merced sea muy bien obedecido en esto; y más, que yo de mío[3] me soy pacífico y enemigo de meterme en ruidos[4] ni pendencias; bien es verdad que en lo que tocare a defender mi persona no tendré mucha cuenta con esas leyes, pues las divinas y humanas permiten que cada uno se defienda de quien quisiere agraviarle.

–No digo yo menos -respondió don Quijote-; pero en esto de[5] ayudarme contra caballeros has de tener a raya[6] tus naturales ímpetus.

–Digo que así lo haré -respondió Sancho- y que guardaré[7] ese preceto tan bien como el día del domingo.

---

1. **si fueren** : fut. subj. = **si fuesen**.
2. **hasta que + subj.** = *tant que + fut.*
3. **yo de mío** = *par nature.*
4. **ruidos**, **pendencias** = *querelles, bagarres, disputes* (**ruido** : *bruit*).

s'il s'agissait, en revanche, de chevaliers, les lois de la chevalerie ne t'accorderaient en aucune façon le droit ou la permission de m'aider tant que tu ne seras pas armé chevalier.

– Ne craignez rien, Monsieur, répliqua Sancho, vous serez parfaitement obéi ; d'autant que, moi, je suis d'un naturel pacifique et peu enclin à me mettre dans les querelles ou les bagarres ; mais, pour dire vrai, s'il s'agit de défendre ma personne, je tiendrai peu compte de ces lois-là car, qu'elles soient de Dieu ou bien des hommes, les lois permettent à chacun de se défendre de ceux qui vous cherchent noise.

– Je ne dis pas le contraire, reprit don Quichotte, mais, pour ce qui est de me venir en aide contre des chevaliers, tu dois juguler tes impulsions naturelles.

– C'est bien ce que je ferai, répondit Sancho, et j'observerai ce précepte aussi bien que le jour du Seigneur.

---

5. **en esto de** = *en ce qui concerne, pour ce qui est de, quant à.*
6. **tener a raya** : *dans la juste limite* : *limiter, mettre fin.*
7. **guardar** : ici, *respecter, observer.* Mais **guardar en un armario** = *ranger.*

Quatrième extrait

Première partie – Chapitre 19

De las discretas razones que Sancho pasaba con su amo, y de la aventura que le sucedió con un cuerpo muerto, con otros acontecimientos famosos.

Des sages discours que Sancho et son maître échangeaient et de l'aventure qu'ils connurent avec le corps d'un défunt et autres événements remarquables.

[Don Quichotte et Sancho ont rencontré des chevriers qui leur font le récit des amours funestes de la pastourelle Marcela et de l'étudiant Grisóstomo.
Plus tard, à l'auberge, Sancho va être le jouet de quelques joyeux drilles en mal de divertissements...]

En estas y otras pláticas les tomó la noche en mitad del camino, sin tener ni descubrir donde aquella noche se recogiesen[1]; y lo que no había de bueno en ello era que perecían[2] de hambre; que con la falta de las alforjas[3] les faltó toda la despensa[4] y matalotaje[5]. Y para acabar de confirmar esta desgracia, les sucedió una aventura, que, sin artificio alguno, verdaderamente lo parecía. Y fue que la noche cerró[6] con alguna escuridad[7]; pero, con todo esto, caminaban, creyendo Sancho que, pues aquel camino[8] era real[9], a una o dos leguas, de buena razón[10] hallaría en él alguna venta. Yendo[11], pues, desta manera, la noche escura, el escudero hambriento y el amo con gana de comer, vieron que por el mesmo camino que iban venían hacia ellos gran multitud de lumbres, que no parecían sino[12] estrellas que se movían. Pasmóse Sancho en viéndolas, y don Quijote no las tuvo todas consigo[13]: tiró el uno del cabestro a su asno, y el otro de las riendas a su rocino, y estuvieron quedos[14], mirando atentamente lo que podía ser aquello, y vieron que las lumbres se iban acercando[15] a ellos, y mientras más se llegaban, mayores parecían; a cuya vista Sancho comenzó a temblar como un azogado[16], y los cabellos de la cabeza se le erizaron a don Quijote, el cual, animándose[17] un poco, dijo:

–Ésta, sin duda, Sancho, debe de ser grandísima y peligrosísima[18] aventura, donde será necesario que yo muestre todo mi valor y esfuerzo.

---

1. **sin tener donde se recogiesen** : **donde podrían recogerse**. **Recogerse** : *rentrer à l'abri*. **Recogerse el pelo** : *s'attacher les cheveux*. **Recogerse en sí mismo** : *se replier sur soi-même*.
2. **perecer** = **morir**.
3. **la falta de las alforjas** : au chap. 17, don Quichotte ayant refusé de payer l'aubergiste, au nom des lois de la chevalerie, ce dernier a conservé la besace de Sancho.
4. **la despensa** = *le garde-manger*.
5. **el matalotaje** = *les vivres*.
6. **la noche cerró** : cf. **la noche está cerrada** : *il fait nuit noire*.
7. **escuridad** = **oscuridad**.
8. **pues aquel camino** = *étant donné que cette route*.
9. **camino real** : *grande route* faite, jadis, aux frais de l'État.

Une conversation en entraînant une autre, ils furent surpris à mi-chemin par la nuit sans avoir trouvé de gîte pour ce soir-là. Le pire dans l'affaire est qu'ils mouraient de faim et qu'en perdant leurs besaces, ils avaient perdu le contenant et les provisions. Et voilà que, pour comble de malheur, se présente à eux une aventure (et pas des moindres) qui ne devait rien aux artifices. Il faisait nuit, une nuit noire ; ils poursuivaient malgré tout leur chemin car Sancho croyait très justement que, sur cette grande route, il suffirait d'une ou deux lieues pour trouver une auberge. Ils avançaient donc, dans la nuit noire, l'écuyer mort de faim, et son maître l'appétit aiguisé quand, sur le même chemin qu'eux, ils virent venir à leur rencontre une multitude de lumières semblables à des étoiles en mouvement. À leur vue, Sancho sentit son sang se glacer et don Quichotte ne fut pas autrement rassuré : l'un tira son âne par le licol, l'autre son roussin par la bride et, sans broncher, ils regardèrent attentivement ce que ce pouvait être. Ils virent les lumières s'approcher et plus elles se rapprochaient, plus leur taille augmentait ; Sancho commença alors à trembler comme une feuille et don Quichotte, dont les cheveux se dressaient sur la tête, prit son courage à deux mains et dit :
– Voilà assurément, Sancho, une aventure des plus grandes et des plus dangereuses où je vais devoir montrer ma vaillance et ma force.

---

10. **de buena razón** = *avec raison.*
11. **yendo** : gérondif **de ir**.
12. **no... sino** : peut être traduit par une phrase affirmative.
13. **no las tuvo todas consigo** = **no tenerlas**... = *ne pas en mener large.*
14. **estar quedo** = **estar quieto** : *immobile.* Cf. **quedar** = *rester.*
15. **acercarse a** = **aproximarse a** = *s'approcher de.* Mais **cerca de**
16. **un azogado** = sous l'effet du mercure (**azogue**), les mineurs étaient pris de tremblements : comparaison populaire.
17. **animarse** = *prendre courage.* **El ánimo** = *le courage.* Fam.: **anímate** = *vas-y !*
18. **grandísima**, **peligrosísima** : suffixe en **-ísimo** pour exprimer le superlatif.

–¡Desdichado de mí! -respondió Sancho-: si acaso esta aventura fuese de fantasmas, como me lo va pareciendo, ¿adónde habrá costillas[1] que la sufran[2]?

–Por más fantasmas que sean -dijo don Quijote-, no consentiré yo que te toque en el pelo de la ropa; que si la otra vez[3] se burlaron contigo, fue porque no pude yo saltar las paredes del corral, pero ahora estamos en campo raso, donde podré yo como quisiere[4] esgremir mi espada.

–Y si le encantan y entomecen[5], como la otra vez lo hicieron -dijo Sancho-, ¿qué aprovechará estar en campo abierto, o no?

–Con todo eso -replicó don Quijote-, te ruego, Sancho, que tengas buen ánimo; que la experiencia te dará a entender el que yo tengo[6].

–Sí tendré, si a Dios place -respondió Sancho.

Y apartándose los dos a un lado del camino, tornaron a mirar atentamente lo que aquello de aquellas lumbres que caminaban podía ser; y de allí a muy poco descubrieron muchos encamisados[7], cuya temerosa[8] visión de todo punto remató el ánimo de Sancho Panza, el cual comenzó a dar diente con diente, como quien tiene frío de cuartana[9]; y creció más el batir y dentellear[10] cuando distintamente vieron lo que era, porque descubrieron hasta veinte encamisados[11], todos a caballo, con sus hachas[12] encendidas en las manos, detrás de los cuales venía una litera cubierta de luto, a la cual seguían otros seis de a caballo, enlutados hasta los pies de las mulas;

---

1. **las costillas** : *les côtes.* Sancho fait ici allusion aux volées de bois vert qui ont mis un terme à leurs deux premières aventures.
2. **sufrir** : faux ami = *supporter.*
3. **si la otra vez** : allusion à l'épisode de l'auberge, au chap. 17 (**el manteamiento**) : Sancho a été pris à partie par de joyeux drilles qui l'ont mis dans une *couverture* (**manta**) et l'ont fait sauter en l'air, comme on le faisait avec les chiens pour Carnaval.
4. **como quisiere** : subj. fut. = *à ma fantaisie, comme je le voudrai.*
5. **entomecer = entumecer** : *endormir.* Pour se remettre des coups de bâton, don Quichotte a préparé une décoction qui l'a fait dormir plus de trois heures.

– Pauvre de moi ! répondit Sancho. Si c'est une histoire de fantômes, comme ça m'en a tout l'air, où trouverai-je assez de côtes pour encaisser les coups ?
– Seraient-ils des fantômes, reprit don Quichotte, que jamais je ne permettrai qu'ils touchent à un fil de ton vêtement ; s'ils ont pu, la dernière fois, se moquer de toi, c'est qu'il m'était impossible d'escalader les murs de la cour ; mais, maintenant, nous sommes en rase campagne et je pourrai brandir mon épée à ma guise.
– Et s'ils vous enchantent et vous endorment comme la dernière fois, dit Sancho, ça changera quoi d'être en pleine campagne ?
– Quoi qu'il en soit, reprit don Quichotte, aie du courage, Sancho, je t'en prie. L'expérience te montrera ce qu'est le mien.
– J'en aurai donc, s'il plait à Dieu, répondit Sancho.

En s'écartant tous deux sur le bord du chemin, ils se remirent à s'interroger sur ce que ces lumières en mouvement pouvaient être ; peu après, un grand nombre d'hommes en tunique blanche leur apparut et cette vision terrifiante réduisit à néant le courage de Sancho qui se mit à claquer des dents comme pris de fièvre quarte. Cependant le bruit et les claquements s'amplifièrent quand ils virent distinctement de quoi il s'agissait ; ils découvrirent, en effet, une vingtaine d'hommes en tunique, tous à cheval, un flambeau allumé à la main ; derrière eux, une litière tendue de noir que suivaient six autres cavaliers dont les montures étaient aussi drapées de noir ;

---

6. **el que yo tengo** = **el animo que**... Diff. de **el que yo tenga** : *le fait que j'aie*...
7. On appelait **encamisados** les soldats qui portaient une tunique blanche par-dessus leur armure et déclenchaient l'assaut au cri de « **Santiago** » (*Saint-Jacques*).
8. **temeroso** : double sens : *qui a peur*, *qui fait peur*.
9. **cuartana** : fièvre d'origine paludéenne qui se produit tous les quatre jours.
10. **el batir**, **el dentellear** : inf. substantivé ; cf. en français : *le dîner*.
11. **veinte encamisados... otros seis...** : cet impressionnant type de cortège n'était pas rare au XVIe s., en particulier quand il s'agissait d'un grand soldat.
12. **sus hachas** : m. fém., mais on dit **un hacha**, comme on dit **el agua**, **el aspa del molino** (cf. note 9, p. 51).

que bien vieron que no eran caballos en el sosiego con que caminaban. Iban los encamisados murmurando entre sí, con una voz baja y compasiva. Esta extraña visión, a tales horas y en tal despoblado, bien bastaba para poner miedo en el corazón de Sancho, y aun en el de su amo; y así fuera en cuanto a don Quijote; que ya Sancho había dado al través[1] con todo su esfuerzo. Lo contrario le avino[2] a su amo, al cual en aquel punto[3] se le representó en su imaginación al vivo que aquélla era una de las aventuras de sus libros.

Figurósele que la litera eran andas donde debía de ir algún mal ferido o muerto caballero, cuya venganza a él solo estaba reservada, y, sin hacer otro discurso, enristró[4] su lanzón, púsose bien en la silla, y con gentil[5] brío y continente se puso en la mitad del camino por donde los encamisados forzosamente habían de pasar, y cuando los vio cerca, alzó la voz y dijo:

–Deteneos[6], caballeros, o quienquiera que seáis, y dadme cuenta de quién sois, de dónde venís, adónde vais, qué es lo que en aquellas andas lleváis; que, según las muestras, o vosotros habéis fecho, o vos[7] han fecho, algún desaguisado, y conviene y es menester que yo lo sepa, o bien para castigaros del mal que fecistes[8], o bien para vengaros del tuerto que vos ficieron.

–Vamos de priesa -respondió uno de los encamisados- y está la venta lejos, y no nos podemos detener a dar tanta cuenta[9] como pedís.

---

1. **dar el través** : terme maritime = *s'échouer.*
2. **avino** : prét. **avenir** = *advenir.*
3. **en aquel punto** = **en aquel momento**.
4. **enristró** : **enristrar** = **dar en el ristre**.
5. **gentil** = *noble. Gentil* se dira **amable**.

on avait même recouvert les pattes des mules car, à l'allure calme des bêtes, on voyait bien que ce n'étaient pas des chevaux. Les hommes avançaient en chuchotant d'une voix basse et douloureuse. Cette étrange vision, en un tel moment et en ce lieu désert, avait bien de quoi glacer d'effroi le cœur de Sancho et même celui de son maître, – cela aurait pu arriver ; mais si l'écuyer sentit désormais fondre tout son courage, il en alla tout autrement pour son maître dont l'imagination débridée reconnut, en cet instant, une des aventures de ses livres.

Il s'imagina voir dans la litière un brancard sur lequel devait reposer quelque chevalier blessé ou sans vie et comme il revenait à lui seul de le venger, sans plus réfléchir, il mit sa lance en arrêt, se cala sur sa selle et, l'allure noble et résolue, se plaça au milieu du chemin par où ces gens en tunique devaient obligatoirement passer : quand il les vit non loin de lui, il haussa la voix et dit :

– Arrêtez-vous, chevaliers, ou qui que vous soyez et dites-moi qui vous êtes, d'où vous venez, où vous allez et ce que vous portez : car, manifestement, ou bien vous avez commis ou bien vous avez subi quelque outrage et il convient absolument que je le sache soit pour vous châtier du mal que vous avez fait, soit pour venger le tort que l'on vous a fait.

– Nous sommes pressés, répondit l'un des hommes, l'auberge n'est pas tout près et nous ne pouvons nous arrêter pour répondre à toutes vos questions.

---

6. **deteneos** : cette harangue est marquée par les formules archaïsantes, copiées des livres. On remarquera que don Quichotte, s'adressant à ses pairs, leur parle à la 2e p. du plur., vouvoiement moins cérémonieux que la 3e p., et habituel à l'époque.
7. **vos** : arch. ; auj. **os**.
8. **fecistes** : **hacer** = **hicisteis**.
9. **dar cuenta de** = *rendre des comptes.*

Y picando la mula, pasó adelante. Sintióse[1] desta respuesta grandemente don Quijote, y trabando del freno, dijo:

–Deteneos, y sed más bien criado[2], y dadme cuenta de lo que os he preguntado; si no, conmigo sois todos en batalla.

Era la mula asombradiza[3], y al tomarla del freno se espantó de manera que, alzándose en los pies, dio con su dueño por las ancas en el suelo[4]. Un mozo que iba a pie, viendo caer al encamisado, comenzó a denostar a don Quijote; el cual, ya encolerizado, sin esperar más, enristrando su lanzón[5], arremetió a uno de los enlutados, y mal ferido dio con él en tierra[6]; y, revolviéndose por los demás[7], era cosa de ver[8] con la presteza que los acometía y desbarataba, que no parecía sino que en aquel instante le habían nacido alas a Rocinante, según andaba de ligero y orgulloso. Todos los encamisados era gente medrosa y sin armas, y así, con facilidad en un momento dejaron la refriega y comenzaron a correr por aquel campo, con las hachas encendidas, que no parecían sino a los de las máscaras[9] que en noche de regocijo y fiesta corren. Los enlutados asimesmo[10], revueltos y envueltos[11] en sus faldamentos y lobas, no se podían mover; así que, muy a su salvo[12], don Quijote los apaleó[13] a todos, y les hizo dejar el sitio mal de su grado[14], porque todos pensaron que aquél no era hombre, sino diablo del infierno, que les salía a quitar el cuerpo muerto que en la litera llevaban.

---

1. **sentirse** = *avoir du ressentiment.* Aussi **sentir** = *regretter* : **lo siento**.
2. **criado** : du v. **criar** = *élever, éduquer.* Aussi, **un criado** = *un domestique.*
3. **asombradiza** : cf. **la sombra** = *l'ombre.*
4. **dio en el suelo** = *tomba à terre.*
5. **lanzón** : **-ón** augmentatif de **lanza**.
6. **dio con él en tierra** : **dar con alguno en tierra** = *envoyer à terre.*
7. **revolviéndose por los demás** : m. à m. *se retournant en quête des autres.*
8. **era cosa de ver** = **era de ver** : *il fallait voir.*

Et, piquant des deux, il passait son chemin quand don Quichotte, prenant fort mal cette réponse, saisit l'animal par le mors et dit :

– Arrêtez-vous et soyez plus correct. Répondez à mes questions, sinon c'est à tous que je déclare la guerre.

La mule était ombrageuse et, se sentant saisie au mors, elle prit peur, se cabra et se retrouva fers en l'air avec son cavalier. L'un des valets à pied, voyant son maître à terre, se mit à insulter don Quichotte qui, déjà fort irrité, mit sans plus attendre sa lance en arrêt, fondit sur l'un des hommes en deuil et l'envoya, dans un piteux état, mordre la poussière ; puis il se retourna contre les autres et il fallait voir avec quelle célérité il les attaquait et les taillait en pièces : on aurait dit, à cet instant, qu'il avait poussé des ailes à Rossinante tant il avait le pas fier et léger. Tous ces hommes en tunique étaient des gens craintifs et sans armes ; aussi abandonnèrent-ils rapidement le combat, se mettant à courir à travers champ, leurs flambeaux allumés, faisant penser à ces mascarades qui, au moment des fêtes, courent à travers la nuit. Quant aux hommes en noir, enroulés et empêtrés dans leurs robes et soutanes, ils ne pouvaient bouger de sorte que don Quichotte put les rosser à peu de risques et leur fit abandonner les lieux contre leur volonté, tous voyant en lui non pas un homme mais un diable sorti de l'enfer pour leur enlever le mort qu'ils portaient dans la litière.

---

9. **una máscara** = **una careta** : *un masque*. Au pl. : fête où les gens vont masqués : **ir a las máscaras**.
10. **asimesmo** = **asimismo** = **así mismo**.
11. **revueltos y envueltos** : composés de **volver** avec allitération difficile à traduire = *envelopper, mêler*. Cf. **huevos revueltos** = *œufs brouillés*.
12. **muy a su salvo** : **estar a salvo** = *être sain et sauf*. **Salvar** = *sauver*.
13. **apalear** : **dar palos** = *donner des coups de bâton* (**palo**).
14. **mal de su grado** : contr. **de buen grado** = *de bon gré*.

Todo lo miraba Sancho, admirado del ardimiento de su señor, y decía entre sí: «Sin duda, este mi amo es tan valiente y esforzado como él dice.» Estaba una hacha[1] ardiendo en el suelo, junto al primero que derribó la mula, a cuya luz le pudo ver don Quijote; y, llegándose a él, le puso la punta del lanzón en el rostro, diciéndole que se rindiese[2]; si no, que le mataría. A lo cual respondió el caído:

–Harto rendido estoy[3], pues no me puedo mover, que tengo una pierna quebrada: suplico a vuestra merced, si es caballero cristiano, que no me mate; que cometerá un gran sacrilegio: que soy licenciado[4] y tengo las primeras órdenes[5].

–Pues, ¿quién diablos os ha traído aquí -dijo don Quijote-, siendo hombre de Iglesia?

–¿Quién, señor? -replicó el caído-. Mi desventura.

–Pues otra mayor os amenaza -dijo don Quijote-, si no me satisfacéis[6] a todo cuanto primero os pregunté.

-Con facilidad sera vuestra merced satisfecho -respondió el licenciado-; y así, sabrá vuestra merced que, aunque denantes[7] dije que yo era licenciado, no soy sino bachiller, y llámome Alonso López; soy natural de Alcobendas; vengo de la ciudad de Baeza, con otros once sacerdotes, que son los que huyeron con las hachas;

---

1. **una hacha** : incorrect auj. (cf. note 12 p. 65).
2. **diciéndole que se rindiese** : imp. subj. de **rendirse** = *se rendre*. Jeu de mots avec **rendido** = *être épuisé*.
3. **rendido estoy** = **estar rendido** : *être épuisé*.
4. **licenciado** : il suffisait souvent d'en porter le long habit pour s'arroger le titre de licencié. « **El hábito le hace licenciado** » était une sorte de proverbe (**hábito** au sens de **traje**). Voir « l'habit ne fait pas le moine », en français.

Sancho regardait tout cela, émerveillé de tant de bravoure. « Il n'y a pas de doute, se disait-il en son for intérieur, la vaillance et le courage de mon maître sont bien à la hauteur de ce qu'il en dit. » Un flambeau brûlait à terre, près de l'homme que la mule avait renversé : don Quichotte le voyant à cette lueur, s'en approcha et, lui mettant la pointe de sa lance sur le visage, lui enjoignit de se rendre, sinon il le tuerait. Alors, l'homme à terre répondit :
– Rendu, je le suis déjà, je ne peux même pas bouger, j'ai la jambe cassée. Si vous êtes gentilhomme et chrétien, je supplie votre grâce ne pas me tuer : ce serait un grand sacrilège car je suis licencié et ai reçu les ordres mineurs.
– Mais quel mauvais diable vous a conduit ici, vous un homme d'Eglise ?
– Qui, Monsieur, répliqua-t-il ? Mon malheur.
– Un malheur plus grand vous menace, dit don Quichotte, si vous laissez sans réponses les questions que je vous ai posées.
– Votre grâce sera aisément satisfaite, reprit le licencié : je vous dirai que je suis seulement bachelier et non pas licencié comme je le prétendais tout à l'heure. Mon nom est Alonso Lopez, je suis né à Alcobendas et je viens de Baeza avec onze autres prêtres, ceux-là même qui ont fui avec leurs flambeaux ;

---

5. **las primeras órdenes** = **las órdenes menores** qui correspondent aux lecteurs et autres acolytes.
6. **satisfecho** : on pourrait s'attendre au fém., accordé avec **vuestra merced**.
7. **denantes** : arch. = **antes**.

vamos a la ciudad de Segovia acompañando un cuerpo muerto, que va en aquella litera, que es de un caballero que murió en Baeza, donde fue depositado[1], y ahora, como digo, llevábamos sus huesos a su sepultura, que está en Segovia, de donde es natural.

–¿Y quién le mató? -preguntó don Quijote.

–Dios, por medio[2] de unas calenturas[3] pestilentes que le dieron -respondió el bachiller.

–Desa suerte -dijo don Quijote-, quitado me ha[4] nuestro Señor del trabajo que había de tomar en vengar su muerte, si otro alguno le hubiera muerto[5]; pero habiéndole muerto quien le mató, no hay sino callar[6] y encoger los hombros, porque lo mesmo hiciera si a mí mismo me matara. Y quiero que sepa vuestra reverencia[7] que yo soy un caballero de la Mancha, llamado don Quijote, y es mi oficio y ejercicio andar por el mundo enderezando tuertos y desfaciendo agravios.

–No sé cómo pueda ser eso de enderezar tuertos -dijo el bachiller-, pues a mí de derecho[8] me habéis vuelto tuerto, dejándome una pierna quebrada, la cual no se verá derecha en todos los días de su vida; y el agravio que en mí habéis deshecho ha sido dejarme agraviado de manera que me quedaré agraviado para siempre; y harta desventura[9] ha sido topar con vos, que vais buscando aventuras.

–No todas las cosas -respondió don Quijote- suceden de un mismo modo.

---

1. **depositar dinero**, **un paquete** = *déposer*. **Depósito de cadáveres** = *la morgue*.
2. **por medio de** = *au moyen de*.
3. **calenturas** = **fiebres**.
4. **quitado me ha** : auj. **me ha quitado** : l'aux. et le pp. ne peuvent être disjoints en aucune façon.
5. **si otro le hubierta muerto** = **morir** au sens de **matar**.

nous nous rendons à Ségovie et accompagnons, sur cette litière, le corps d'un gentilhomme mort à Baeza où il fut un temps déposé et aujourd'hui, comme je l'ai dit, nous portons sa dépouille à Ségovie, berceau de la famille, où il aura sa sépulture.

– Et qui l'a tué ? demanda don Quichotte.

– Dieu, en lui envoyant des fièvres pesteuses, reprit le bachelier.

– S'il en est ainsi, reprit don Quichotte, notre Seigneur m'a épargné la peine que j'aurais dû prendre à venger sa mort, si un autre que Lui l'avait tué. Mais puisque c'est Lui qui a donné la mort, il faut seulement se taire et s'incliner : c'est ce que j'aurais fait si c'était moi qu'Il avait frappé. Je veux à présent vous dire, Révérend Père, que je suis un chevalier de la Manche ; mon nom est don Quichotte, et j'ai pour tâche et pour profession d'aller de par le monde redresser les torts et réparer les injustices.

– J'ignore comment vous entendez le redressement des torts, reprit le Bachelier, car j'étais droit et vous m'avez rendu tordu, avec une jambe brisée qui restera tordue pour le restant de mes jours ; et l'injustice que, sur moi, vous avez réparée fait de moi une victime qui le restera à tout jamais. C'est bien la pire des mésaventures que de tomber sur vous, un chercheur d'aventures.

– Les choses n'arrivent pas toujours comme on s'y attendrait, répondit don Quichotte.

---

6. **no hay sino callar** = **hay que callar**.
7. **vuestra reverencia** : ce titre honorifique est excessif pour un jeune religieux.
8. **derecho**, **tuerto** : jeu sur l'opposition *droit/tordu*, le mot **tuerto** voulant également dire : *les torts, les offenses*.
9. **harta desventura** : de **harto**, pp. de **hartarse** = *se rassasier*. Idée de trop plein de qqch.

El daño estuvo, señor bachiller Alonso López, en venir, como veníades[1], de noche, vestidos con aquellas sobrepellices, con las hachas encendidas, rezando, cubiertos de luto, que propiamente semejábades[2] cosa mala y del otro mundo; y así, yo no pude dejar de cumplir con mi obligación acometiéndoos, y os acometiera[3] aunque verdaderamente supiera que érades los mesmos satanases del infierno; que por tales os juzgué y tuve siempre.

–Ya que así lo ha querido mi suerte -dijo el bachiller-, suplico a vuestra merced, señor caballero andante[4] (que tan mala andanza me ha dado), me ayude a salir de debajo desta mula, que me tiene tomada una pierna entre el estribo y la silla.

–¡Hablara yo para mañana[5]! -dijo don Quijote-. Y ¿hasta cuándo aguardábades[6] a decirme vuestro afán[7]?

Dio luego voces[8] a Sancho Panza que viniese[9]; pero él no se curó[10] de venir, porque andaba ocupado desvalijando una acémila de repuesto[11] que traían aquellos buenos señores, bien bastecida de cosas de comer. Hizo Sancho costal[12] de su gabán[13] y, recogiendo todo lo que pudo y cupo[14] en el talego, cargó su jumento, y luego acudió a las voces de su amo, y ayudó a sacar al señor bachiller de la opresión de la mula, y, poniéndole encima della, le dio la hacha; y don Quijote le dijo que siguiese la derrota de sus compañeros, a quien de su parte pidiese perdón del agravio que no había sido en su mano[15] dejar de haberle hecho. Díjole también Sancho:

---

1. **veníades** = **veníais** (imp. de *venir*).
2. **semajábades** = **semejabais** (imp. indic.), **érades** = **erais**, formes arch..
3. **os acometiera** = **os hubiera acometido**.
4. **andante/andanza** : jeu de mots. **Andanzas** = *aventures, mésaventures, errements.*
5. **hablara y para mañana** = **hablar para otro día** : expr. fam. = **dejaba para mañana el decir eso como si nada urgiera**.
6. **aguardábades** : arch. = **aguardabais**, imp. **aguardar**.

Tout est venu, Monsieur le bachelier Alonso Lopez, de votre façon de marcher ainsi, de nuit, couverts de ces surplis, vos flambeaux allumés, psalmodiant des prières, tout revêtus de deuil : on aurait vraiment dit des êtres maléfiques venus de l'autre monde. Je ne pouvais donc me soustraire à mon devoir de vous attaquer et je vous aurais attaqués, eussiez-vous été des démons vomis de l'enfer, comme je l'ai toujours cru.

– Puisque le sort en a décidé ainsi, reprit le bachelier, je vous supplie, Monsieur le chevalier errant qui, pour mon malheur, erriez ici, de m'aider à me dégager de ma mule car j'ai la jambe prise entre la selle et l'étrier.

– Mais où avais-je la tête ? Qu'attendiez-vous donc pour me dire que vous souffriez ?

Il cria aussitôt à Sancho de venir, mais celui-ci n'en eut cure, occupé qu'il était à dévaliser une bête que ces bons seigneurs avaient réservée au transport de quantité de victuailles. Utilisant sa veste comme sac, il ramassa tout ce qu'il pouvait et qui y tenait, chargea son bourricot et accourut aux cris de son maître ; puis il aida à dégager le bachelier de dessous sa bête, le remit en selle et lui tendit son flambeau. Don Quichotte lui dit alors de suivre le chemin qu'avaient pris ses compagnons, de leur présenter de sa part ses excuses pour un affront qu'il ne pouvait pas ne pas commettre.

Et Sancho d'ajouter :

---

7. **el afán** = *le labeur, le souci.* **Afanarse en** = *s'efforcer de, s'évertuer à* + inf.
8. **dar voces** = *pousser des cris.*
9. **que viniese** = para que (but).
10. **curarse de** = *prendre garde à, faire attention à.*
11. **una acémila de repuesto** = *une bête de somme de rechange.*
12. **un costal** = **un talego** (à quelques nuances près).
13. **un gabán** : m. arabe. Désigne une *veste*, en drap épais, à manches et parfois capuche.
14. **cupo** : prét. de **caber** = *rentrer dans.*
15. **ser en su mano** = *être en son pouvoir.*

–Si acaso quisieren saber esos señores quién ha sido el valeroso que tales los puso, diráles[1] vuestra merced que es el famoso don Quijote de la Mancha, que por otro nombre se llama *el Caballero de la Triste Figura*[2].

Con esto se fue el bachiller, y don Quijote preguntó a Sancho que qué le había movido a llamarle el *Caballero de la Triste Figura*, más entonces que nunca[3].

–Yo se lo diré -respondió Sancho-: porque le he estado mirando un rato a la luz de aquella hacha[4] que lleva aquel malandante[5], y verdaderamente tiene vuestra merced la más mala figura, de poco acá, que jamás he visto; y débelo de haber causado, o ya el cansancio deste combate, o ya la falta de las muelas y dientes[6].

–No es eso -respondió don Quijote-; sino que el sabio, a cuyo cargo debe de estar el escribir la historia de mis hazañas le habrá parecido que será bien que yo tome algún nombre apelativo, como lo tomaban todos los caballeros pasados: cual se llamaba *el de la Ardiente Espada*; cuál, *el del Unicornio*; aquél, *el de las Doncellas*; aquéste[7], *el del Ave Fénix*; el otro, *el Caballero del Grifo*; estotro[8], *el de la Muerte*; y por estos nombres e insignias eran conocidos por toda la redondez de la tierra. Y así, digo que el sabio ya dicho te habrá puesto en la lengua y en el pensamiento ahora que me llamases *el Caballero de la Triste Figura*, como pienso llamarme desde hoy en adelante, y para que mejor me cuadre tal nombre, determino de hacer pintar, cuando haya lugar[9], en mi escudo una muy triste figura.

---

1. **diráles** = **les dirá**.
2. **caballero de la Triste Figura** : prép. **de** désigne un trait habituel. **Triste figura** désignait, au XVIIe s., une personne bizarre et sans le moindre attrait.
3. **más entonces que nunca** : m. à m. : *plus à ce moment-là qu'auparavant.*
4. **aquella hacha** : l'adj. dém. peut rester au fém. car son accentuation sur le **e** évite aux sons **a** de se fondre en un seul.

– Et si par hasard ces messieurs veulent connaître le nom du valeureux chevalier qui les a mis dans cet état, Votre Grâce leur dira que c'est le fameux don Quichotte de la Manche, que l'on nomme aussi le *Chevalier à la Triste Figure*.
Là-dessus, le bachelier s'en fut. Don Quichotte demanda alors à Sancho ce qui l'avait poussé à l'appeler *Chevalier à la Triste Figure* à cette occasion plutôt qu'à une autre.
– Je vais vous le dire, rétorqua Sancho. Je vous ai regardé un moment, à la lueur du flambeau que portait ce malheureux : votre grâce a vraiment à ce moment la plus vilaine figure que j'aie jamais vue : ça doit venir sans doute de la fatigue du combat ou de la perte de vos dents.
– Pas du tout, répondit don Quichotte. Le sage à qui il revient d'écrire l'histoire de mes exploits aura jugé bon de me faire prendre un nom significatif, comme le faisaient les chevaliers du temps passé : l'un s'appelait le *chevalier à l'Ardente Epée*, l'autre *à la Licorne* ; celui-ci était le *chevalier aux Damoiselles* et cet autre *au Phénix* ; un autre était le *chevalier au Griffon* et un *chevalier à la Mort*. C'est sous ces noms et ces emblèmes qu'on les connaissait sur toute la surface de la terre. C'est pourquoi je pense que le sage précédemment cité aura mis dans ta bouche ou t'aura soufflé ce nom de *Chevalier à la Triste Figure* ; dorénavant je porterai ce nom et, pour le faire parfaitement mien je ferai, dès que l'occasion m'en sera donnée, peindre sur mon écu une figure vraiment triste.

---

5. **malandante** = **el que mal anda** (sens fig.).
6. **la falta de los dientes** : l'accrochage avec les muletiers et le passage à l'auberge ont laissé des traces.
7. **aqueste** : arch. **este**.
8. **estotro** = **este otro**.
9. **hay lugar** = *l'occasion se présente*.

Cinquième extrait

Première partie

Chapitres 25, 30 et 31

Lettre de don Quichotte à Dulcinée et compte rendu que Sancho fait à don Quichotte de sa visite à Dulcinée.

[Par imitation des chevaliers errants, don Quichotte s'enfonce dans la sierra Morena et décide qu'il y fera, seul, pénitence pour les beaux yeux de la dame de ses pensées.]

Carta[1] de don Quijote a Dulcinea del Toboso

Soberana y alta señora:

El ferido[2] de punta de ausencia[3] y el llagado de las telas del corazón, dulcísima Dulcinea del Toboso, te envía la salud que él no tiene. Si tu fermosura[4] me desprecia, si tu valor no es en mi pro[5], si tus desdenes son en mi afincamiento[6], maguer[7] que yo sea asaz[8] de sufrido, mal podré sostenerme en esta cuita, que, además de ser fuerte, es muy duradera. Mi buen escudero Sancho te dará entera relación ¡oh bella ingrata, amada enemiga[9] mía! del modo que por tu causa quedo: si gustares[10] de acorrerme, tuyo soy; y si no, haz lo que te viniere en gusto; que con acabar mi vida habré satisfecho a tu crueldad y a mi deseo.

Tuyo hasta la muerte,

El Caballero de la Triste Figura.»

–Por vida de mi padre – dijo Sancho en oyendo la carta-, que es la más alta cosa que jamás he oído. ¡Pesia a mí[11], y cómo que le dice vuestra merced ahí todo cuanto[12] quiere, y qué bien que encaja en la firma El Caballero de la Triste Figura! Digo de verdad que es vuestra merced el mesmo diablo[13], y que no haya cosa que no sepa. [...]

---

1. **carta de Don Quijote** : Cervantès semble s'être inspiré d'une lettre d'Oriane à son chevalier Amadis de Gaule.
2. **el ferifo (herido) de punta** : sous-entendu **de espada**.
3. **el mal de ausencia** (*absence*) est récurrent chez les chevaliers.
4. **tu fermosura (hermosura)** : le tutoiement fait partie du code.
5. **en mi pro** = *en ma faveur, à mon profit.* Auj. : **en pro** contr. **en contra**.
6. **afincamiento** = **ahincamiento** : arch. = *angoisse, douleur.* Auj. **afincarse** = *s'établir, s'installer.*

Lettre de don Quichotte à Dulcinée du Toboso.

Haute dame souveraine,

Celui que ton absence a blessé comme d'une pointe d'épée, celui qui est meurtri jusqu'au tréfonds de son cœur, te souhaite, ô très douce Dulcinée du Toboso, une santé dont il ne jouit pas. Si ta beauté n'a pour moi que mépris, si ta noble personne me nie sa bienveillance, si ton dédain se joue de ma douleur, bien que je sois plus qu'un autre endurant, j'aurai du mal à supporter une peine violente qui dure depuis longtemps. Mon brave écuyer, Sancho, te fera le récit complet, ô belle ingrate, ennemie adorée, de l'état dans lequel pour te servir je me trouve : s'il te plaît de me secourir, je suis à toi : sinon, fais ce que voudras : et lorsque la mort viendra, j'aurai satisfait à ta cruauté et à mon désir.

À toi jusqu'à la mort

LE CHEVALIER À LA TRISTE FIGURE

– Sur la tête de mon père, s'exclama Sancho à la lecture de la lettre, c'est la plus noble chose que j'aie jamais entendue. Morbleu ! comme votre grâce dit bien tout ce qu'elle avait à dire, et comme *Chevalier à la Triste Figure* vient bien dans la signature ! Ah ça, je le dis, votre grâce est le diable en personne, elle sait tout sur tout. [...]

---

7. **maguer que** : arch. = **aunque** + indic. = *bien que*.
8. **asaz** : poét. **bastante**.
9. **amada enemiga** : opposition traditionnelle.
10. **gustares**, **viniere** : fut. subj.
11. **pesia á mí** = **pese á mí** : interj. Arch.
12. **todo cuanto** = **todo lo que**.
13. **el mesmo diablo** = *le diable en personne*.

[...]

–Echemos, Panza amigo, pelillos a la mar[1] en esto de nuestras pendencias, y dime ahora, sin tener cuenta con enojo ni rencor alguno: ¿Dónde, cómo y cuándo hallaste a Dulcinea? ¿Qué hacía? ¿Qué le dijiste? ¿Qué te respondió? ¿Qué rostro hizo cuando leía mi carta? ¿Quién te la trasladó? Y todo aquello que vieres que en este caso es digno de saberse, de preguntarse y satisfacerse, sin que añadas o mientas por darme gusto, ni, menos, te acortes por no quitármele.

–Señor -respondió Sancho-, si va a decir la verdad, la carta no me la trasladó[2] nadie, porque yo no llevé carta alguna.

–Así es como tú dices -dijo don Quijote-; porque el librillo de memoria donde yo la escribí le hallé en mi poder a cabo de[3] dos días de tu partida, lo cual me causó grandísima pena, por no saber lo que habías tú de hacer cuando te vieses[4] sin carta, y creí siempre que te volvieras desde el lugar donde la echaras menos[5].

[...]

---

1. **echar pelillos a la mar** : pacte de réconciliation que faisaient les enfants en s'arrachant un cheveu et en soufflant pour le faire s'envoler. C'est l'occasion de « **hacer las paces** » (*faire la paix*).
2. **trasladó** : de **trasladar**. Don Quichotte avait écrit sa lettre à Dulcinée sur un petit carnet confié à Sancho pour qu'il la fasse transcrire sur une feuille de papier dans le premier village venu. Cf. **trasladar al francés** = *traduire en français.*

[...] Ami Sancho, tirons un trait sur nos querelles : laisse de côté ta colère et ta rancœur à mon endroit, et parle maintenant. Dulcinée, où, comment, quand l'as-tu trouvée ? Que faisait-elle ? Que lui as-tu dit ? Qu'a-t-elle répondu ? Qu'exprimait son visage quand elle lisait ma lettre ? Qui te l'avait transcrite ? Dis-moi tout ce qui, dans cette affaire, mérite à tes yeux d'être su, les questions en suspens, les points d'interrogation... Ne fais ni ajouts ni mensonges qui augmenteraient mon plaisir mais n'élimine rien qui puisse le gâter.
– Seigneur, pour dire la vérité, personne ne m'a transcrit cette lettre car je n'avais pas de lettre à porter.
– Oui, c'est exactement cela, répondit don Quichotte. Deux jours après ton départ, j'ai retrouvé dans mes affaires le petit carnet où je l'avais écrite : j'en ai été bien triste ne sachant ce que tu allais faire quand tu te trouverais sans la lettre et j'ai pensé que tu reviendrais, quand tu constaterais son absence.

[...]

---

3. **a cabo de...** : arch. : **al cabo de** = *au bout de.*
4. **cuando te vieses** = *quand tu te verrais...*
5. **el lugar donde la echaras menos** : imp. subj. Auj. **echar de menos** = *remarquer l'absence de..., souffrir de l'absence de...*

–Así fuera[1] – respondió Sancho –, si no la hubiera yo tomado en la memoria cuando vuestra merced me la leyó[2], de manera, que se la dije a un sacristán, que me la trasladó del entendimiento tan punto por punto, que dijo que en todos los días de su vida, aunque había leído muchas cartas de descomunión, no había visto ni leído tan linda carta como aquélla.

–Y ¿tiénesla[3] todavía en la memoria, Sancho? -dijo don Quijote.

–No, señor -respondió Sancho-, porque después que la di[4], como vi que no había de ser de más provecho, di en olvidalla[5]. y si algo se me acuerda, es aquello del sobajada, digo, del soberana señora, y lo último: «Vuestro hasta la muerte, el Caballero de la Triste Figura». Y en medio destas dos cosas le puse más de trecientas almas, y vidas, y ojos míos.

[...]

–Todo eso no me descontenta; prosigue adelante -dijo don Quijote-. Llegaste, ¿y qué hacía aquella reina de la hermosura? A buen seguro que la hallaste ensartando perlas, o bordando alguna empresa con oro de cañutillo[6] para este su cautivo caballero[7].

---

1. **así fuera** = **así hubiera sido**.
2. **leyó** : prét. à sens de pl. que parf.
3. **tiénesla** : enclise impossible auj. (cf. * p. 15).
4. **después que la di** : verbe **dar** équivalent du verbe **decir**, ici.

– C'est ce que j'aurais fait, répondit Sancho, si je ne l'avais pas parfaitement mémorisée quand Votre Grâce m'en avait fait la lecture. J'ai pu ainsi la réciter à un sacristain qui, point par point, la transcrivit de ma mémoire sur le papier, disant que, bien qu'il ait lu maintes lettres d'excommunication, il n'avait jamais de sa vie vu ou lu quelque chose d'aussi beau.

– Sancho, tu t'en souviens encore ? demanda don Quichotte.

– Non seigneur, répondit Sancho. Après l'avoir produite, voyant que je n'en avais plus besoin, je me mis à l'oublier et si quelques bribes me reviennent, c'est l'expression *souterraine*, je veux dire *souveraine*, dame souveraine et la fin « À vous jusqu'à la mort. Le Chevalier à la Triste Figure. » Et, entre les deux, j'ai mis trois cents fois au moins les mots âme, vie, prunelle de mes yeux.

[...]

– Tout cela me va parfaitement. Allez, continue, demanda don Quichotte. Tu arrivas donc : et que faisait cette reine de beauté ? Je suis bien sûr qu'elle enfilait des perles ou brodait au fil d'or quelque emblème pour son chevalier qu'elle tient dans sa prison d'amour.

---

5. **di en olvidalla** : **dar en** = *se remettre à*. **Olvidalla** = **olvidarla**.
6. **el cañutillo** : *fil d'or ou d'argent utilisé en broderie.*
7. **este su cautivo caballero** : adj. dém. + adj. poss. : emphase arch.

–No la hallé -respondió Sancho- sino[1] ahechando dos hanegas[2] de trigo en un corral de su casa.

–Pues haz cuenta -dijo don Quijote- que los granos de aquel trigo eran granos de perlas, tocados de sus manos. Y si miraste, amigo, el trigo ¿era candeal, o trechel[3]?

–No era sino rubión -respondió Sancho.

–Pues yo te aseguro -dijo don Quijote- que, ahechado por sus manos, hizo pan candeal, sin duda alguna. Pero pasa adelante: cuando le diste mi carta, ¿besóla? ¿Púsosela sobre la cabeza[4]? ¿Hizo alguna ceremonia digna de tal carta, o qué hizo?

–Cuando yo se la iba a dar -respondió Sancho-, ella estaba en la fuga[5] del meneo de una buena parte de trigo que tenía en la criba, y díjome: «Poned[6], amigo, esa carta sobre aquel costal; que no la puedo leer hasta que acabe de acribar todo lo que aquí está».

–¡Discreta[7] señora! -dijo don Quijote-. Eso debió de ser por leerla despacio y recrearse con ella. Adelante, Sancho. Y en tanto que estaba en su menester[8], ¿qué coloquios[9] pasó[10] contigo? ¿Qué te preguntó de mí? Y tú, ¿qué le respondiste? Acaba, cuéntamelo todo; no se te quede en el tintero una mínima[11].

---

1. **no la hallé sino** : se rend par une phrase affirmative.
2. **una hanega (ou fanega)** : *55 litres* en Castille.
3. **trechel = tremes** : *blé de trois mois.*
4. **sobre la cabeza** : signe de respect à l'égard des documents émis, au XVIe s., par le roi ou le pape.
5. **la fuga** = ici, *la fougue, l'ardeur*. Aussi = *la fuite* : **fugarse** = *s'enfuir.*

– Non, dit Sancho : elle était juste occupée à vanner un quintal de blé dans une basse-cour.
– Tu comprends bien, Sancho, dit don Quichotte, qu'entre ses mains chaque grain de blé devient une perle. Quant au blé, mon ami, était-ce du froment, du blé de l'année ?
– Du blé roux, sans plus, répondit Sancho.
– Eh bien je t'affirme, dit don Quichotte, que vanné par ses mains, il aura assurément donné du froment ; mais poursuis : quand tu lui as remis ma lettre, l'a-t-elle portée à ses lèvres ? à son front ? A-t-elle fait quelque geste à la hauteur d'une telle lettre ? Qu'a-t-elle fait ?
– Quand j'étais sur le point de la lui donner, répondit Sancho, elle secouait vigoureusement son crible pour y vanner le blé qui s'y trouvait. Elle m'a dit alors : « posez, mon ami, cette lettre sur ce sac : je ne peux la lire avant d'en avoir fini avec tout ce que j'ai à faire ».
– Ô sage personne ! remarqua don Quichotte, c'était sans doute pour la lire à sa guise et la goûter parfaitement. Continue, Sancho. Et tandis qu'elle était occupée, qu'en fût-il de votre conversation ? Que voulait-elle savoir de moi ? Que lui as-tu répondu ? Allez, raconte-moi tout sans omettre le moindre détail.

---

6. **poned**, **amigo** : impér. 2e p. pl. : expression normale de vouvoiement au XVIe s.
7. **discreta** : au XVIIe s., la « **discreción** » exprime *la sagesse* (**la cordura**). **El discreto** = *l'honnête homme*. Auj. exprime aussi la réserve.
8. **un menester** = *une occupation, un besoin*. **es menester + inf.** = il faut
9. **coloquio** = *conversation, discussion*. Cf. **El coloquio de los perros**, de Cervantes.
10. **pasó**= **tuvo**.
11. **una mínima** : en musique, *une note brève*.

–Ella no me preguntó nada -dijo Sancho-; mas yo le dije de la manera que vuestra merced, por su servicio, quedaba haciendo penitencia, desnudo de la cintura arriba, metido entre estas sierras como si fuera salvaje, durmiendo en el suelo, sin comer pan a manteles ni sin peinarse la barba[1], llorando y maldiciendo su fortuna.

–En decir que maldecía mi fortuna dijiste mal -dijo don Quijote-; porque antes[2] la bendigo y bendeciré todos los días de mi vida, por haberme hecho digno de merecer amar tan alta señora como[3] Dulcinea del Toboso.

–Tan alta es -respondió Sancho-, que a buena fe que me lleva[4] a mí más de un coto[5].

–Pues ¿cómo, Sancho? -dijo don Quijote-. ¿Haste[6] medido tú con ella?

–Medíme en esta manera -le respondió Sancho-: que llegándole a ayudar a poner un costal de trigo sobre un jumento, llegamos tan juntos que eché de ver que me llevaba más de un gran palmo[7].

–Pues ¡es verdad -replicó don Quijote- que no acompaña esa grandeza y la adorna con mil millones de gracias del alma! Pero no me negarás, Sancho, una cosa: cuando llegaste junto a ella, ¿no sentiste un olor sabeo[8], una fragancia aromática, y un no sé qué de bueno, que yo no acierto a dalle nombre? Digo, ¿un túho o tufo[9] como si estuvieras en la tienda de algún curioso[10] guantero?

–Lo que sé decir -dijo Sancho- es que sentí un olorcillo[11] algo hombruno;

---

1. **sin peinarse la barba** : dans un vieux « romance », le duc de Mantoue a fait ce serment.
2. **antes** = *au contraire.*
3. **tan alta... como** = *aussi* + adj. + que…
4. **llevar** : idée de dépassement. **me lleva un año** = *il a un an de plus que moi* ; **me lleva diez centímetros** = *il me dépasse de dix centimètres.*
5. **un coto** : mesure correspondant à 4 doigts de la main fermée.
6. **haste** = **te has medido**.

– Elle, elle ne m'a pas posé la moindre question, reprit Sancho, mais je lui ai dit de quelle manière, pour la servir, Votre Grâce faisait pénitence, nu jusqu'à la ceinture, perdu dans ces montagnes comme un sauvage, dormant à même le sol, refusant de manger à table, la barbe jamais démêlée, pleurant et maudissant son destin.
– Tu as eu tort d'affirmer que je maudissais mon destin – rétorqua don Quichotte. Au contraire je le bénis et le bénirai tous les jours de ma vie pour m'avoir fait digne d'aimer une dame aussi grande que Dulcinée du Toboso.
– Ah ça, pour être grande... je peux vous assurer, reprit Sancho, qu'elle me dépasse bien d'une main.
– Comment, Sancho, répondit don Quichotte, tu t'es mesuré avec elle ?
– Je me suis mesuré, je vous explique comment, répondit Sancho. Quand je l'ai aidée à mettre un sac de blé sur son âne, nous nous sommes trouvés si près l'un de l'autre, que j'ai pu voir qu'elle me dépassait d'une bonne tête.
– Mais voilà ! répliqua don Quichotte. Elle fait oublier sa haute taille en la parant des mille millions de grâces de son esprit. Mais tu dois reconnaître, Sancho, une chose : quand tu t'es approché d'elle, n'as-tu pas senti tous les parfums de l'Arabie, cette fragrance, cet arôme, un je ne sais quoi de délicieux que je ne parviens pas à nommer. Une bouffée de senteurs, peut-être, comme dans la boutique d'un de ces curieux gantiers ?
– Ce que je peux dire, reprit Sancho, c'est que j'ai senti une odeur quelque peu masculine ;

---

7. **un palmo** = *une paume.*
8. **sabeo** : *de Saba*, région d'Arabie.
9. **tufo** = *une bouffée, une touffeur* (odeur désagréable).
10. **curioso** = **raro**.
11. **un olorcillo** : dim. de **olor**. On ajoute **-cito**, **-cillo** aux polysyllabes terminés par **r**, **n**, **e** : **una nube**, **una nubecita**, **Carmen** : **Carmencita**. Exception : **un señor**, **un señorito**, entre autres.

y debía de ser que ella, con el mucho ejercicio, estaba sudada y algo correosa.

–No sería eso -respondió don Quijote-; sino que tú debías de estar romadizado, o te debiste de oler a ti mismo; porque yo sé bien a lo que huele aquella rosa entre espinas, aquel lirio del campo, aquel ámbar desleído.

–Todo puede ser -respondió Sancho-; que muchas veces sale de mí aquel olor que entonces me pareció que salía de su merced de la señora[1] Dulcinea; pero no hay de qué maravillarse: que un diablo parece a otro.

–Y bien -prosiguió don Quijote-, he aquí[2] que acabó de limpiar su trigo y de enviallo al molino. ¿Qué hizo cuando leyó la carta?

–La carta -dijo Sancho- no la leyó, porque dijo que no sabía leer ni escribir; antes la rasgó[3] y la hizo menudas piezas, diciendo que no la quería dar a leer a nadie, porque no se supiesen[4] en el lugar[5] sus secretos, y que bastaba lo que yo le había dicho de palabra acerca del amor que vuestra merced le tenía y de la penitencia extraordinaria que por su causa[6] quedaba haciendo. Y, finalmente, me dijo que dijese a vuestra merced que le besaba las manos, y que allí quedaba con más deseo de verle que de escribirle; y que, así, le suplicaba y mandaba, que, vista la presente, saliese de aquellos matorrales y se dejase de hacer disparates, y se pusiese luego en camino del Toboso, si otra cosa de más importancia no le sucediese, porque tenía gran deseo de ver a vuestra merced.

---

1. **su merced de la señora** : expression redondante.
2. **he aquí** = *voici, voilà, nous voici au moment où…*
3. **rasgar**, syn. de : **hacer menudas piezas**.

j'imagine qu'à force de se démener, elle était trempée de sueur et avait la peau quelque peu dilatée.

– Tu n'y es pas du tout, répondit don Quichotte. Sans doute étais-tu enrhumé, à moins que tu n'aies senti ta propre odeur. Car moi je connais très bien l'odeur de cette rose au milieu des épines, de ce lys des champs, de cet ambre brûlant.

– Vous avez peut-être raison, répondit Sancho : parfois j'ai sur moi cette odeur que j'ai cru venir de sa Grâce, dame Dulcinée, mais il ne faut pas s'étonner : rien ne ressemble plus à un diable qu'un autre diable.

– Bien, poursuivit don Quichotte. Et après avoir fini de nettoyer du blé et l'avoir envoyé au moulin, qu'a-t-elle fait en lisant ma lettre ?

– Votre lettre, elle ne l'a pas lue, dit Sancho, parce qu'elle m'a dit qu'elle ne savait ni lire ni écrire ; au contraire, elle l'a déchirée en menus morceaux car elle souhaitait que personne n'en prenne connaissance et que dans le village ses secrets restent ignorés ; qu'elle se contentait de ce qu'elle avait entendu de ma bouche sur l'amour que vous lui portiez et la pénitence incroyable que vous faisiez pour la servir. Elle m'a chargé enfin de vous dire qu'elle vous baisait les mains et qu'elle préférait vous voir plutôt que de vous écrire ; qu'elle vous suppliait et vous ordonnait, compte tenu de la situation, de sortir de ces broussailles, de mettre fin à vos folies, et de prendre sans plus tarder la route du Toboso si rien de plus important ne vous retenait, car grand est son désir de vous connaître.

---

4. **porque no se supiesen sus secretos** : **porque** = **para que** (but).
5. **el lugar** = *le village.*
6. **por su causa** = **por su servicio**.

Rióse mucho cuando le dije cómo se llamaba vuestra merced el Caballero de la Triste Figura. Preguntéle si había ido allá el vizcaíno[1] de marras[2]; díjome que sí, y que era un hombre muy de bien. También le pregunté por los galeotes[3], mas díjome que no había visto hasta entonces alguno.

–Todo va bien hasta agora -dijo don Quijote-. Pero dime: ¿qué joya fue la que te dio, al despedirte, por[4] las nuevas que de mí le llevaste? Porque es usada y antigua costumbre entre los caballeros y damas andantes dar a los escuderos, doncellas o enanos que les llevan nuevas[5], de sus damas a ellos, a ellas de sus andantes, alguna rica joya en albricias, en agradecimiento de su recado.

–Bien puede eso ser así, y yo la tengo por buena usanza; pero eso debió de ser en los tiempos pasados: que ahora sólo se debe de acostumbrar[6] a dar un pedazo de pan y queso, que esto fue lo que me dio mi señora Dulcinea, por las bardas de un corral, cuando della me despedí: y aun, por más señas[7], era el queso ovejuno.

---

1. **el vizcaíno** : *le Biscayen*, rencontre brutale des chap. 8 et 9.
2. **de marras** = *trop vu, trop connu.*
3. **los galeotes** : cf. chap. 22 : don Quichotte a libéré une douzaine de voleurs condamnés aux galères.

Elle a beaucoup ri quand je lui ai dit que Votre Grâce avait pris le nom de Chevalier à la Triste Figure. Je lui ai demandé si notre Biscayen importun était passé chez elle : elle m'a répondu que oui et que c'était un homme de bien. Je l'ai aussi interrogée à propos des galériens, mais jusqu'à présent, elle n'en a pas vus.

– Jusque là, tout va bien, dit don Quichotte. Mais dis moi une chose : à ton départ, quel bijou t'a-t-elle offert en récompense des nouvelles que tu lui apportais ? Car il est, depuis fort longtemps, de tradition parmi les chevaliers errants et leurs dames d'offrir à leurs écuyers, leurs suivantes ou leurs nains quelque riche bijou en cadeau pour les remercier d'avoir été le messager des dames auprès de leurs chevaliers et des chevaliers auprès de leurs dames.

– C'est bien possible qu'il en soit ainsi, et c'est un bel usage, mais c'était autrefois, j'imagine : la coutume, aujourd'hui, est plutôt de donner un morceau de pain et de fromage, comme l'a fait ma dame Dulcinée, par-dessus le mur de la cour, alors que je partais : et je précise même que c'était du fromage de brebis.

---

4. **por** = *en échange de.*
5. **las nuevas** = **las noticias**.
6. **se debe de acostumbrar** : cf. **la costumbre** = *l'habitude* ou *la coutume.*
7. **por más señas** = *pour être précis.* Aussi : **las señas** = *l'adresse* (**la dirección**).

Sixième extrait

Première partie – Chapitre 31

De los sabrosos razonamientos que pasaron entre don Quijote y Sancho Panza su escudero, con otros sucesos.

Des savoureux discours échangés entre don Quichotte et Sancho Panza, son écuyer, et autres faits.

Estando en esto, acertó[1] a pasar por allí un muchacho que iba de camino, el cual, poniéndose a mirar con mucha atención a los que en la fuente estaban, de allí a poco arremetió a don Quijote y, abrazándole por las piernas, comenzó a llorar muy de propósito, diciendo: -¡Ay, señor mío! ¿No me conoce vuestra merced? Pues míreme bien; que yo soy aquel mozo Andrés que quitó vuestra merced de la encina donde estaba atado.

Reconocióle don Quijote, y asiéndole por la mano, se volvió a los que allí estaban, y dijo:

–Porque vean[2] vuestras mercedes cuán de importancia[3] es haber caballeros andantes en el mundo, que desfagan los tuertos y agravios que en él se hacen por los insolentes y malos hombres que en él viven, sepan vuestras mercedes que los días pasados, pasando yo por un bosque, oí unos gritos y unas voces muy lastimosas, como de persona afligida y menesterosa; acudí luego[4], llevado de mi obligación, hacia la parte donde me pareció que las lamentables voces sonaban, y hallé atado a una encina a este muchacho que ahora está delante, de lo que me huelgo en el alma, porque será testigo[5] que no me dejará mentir en nada. Digo que estaba atado a la encina, desnudo del medio cuerpo arriba, y estábale abriendo a azotes con las riendas[6] de una yegua un villano[7], que después supe que era amo suyo; y, así como yo le vi le pregunté la causa de tan atroz vapulamiento; respondió el zafio que le azotaba porque era su criado, y que ciertos descuidos que tenía nacían más de ladrón que de simple[8];

---

1. **acertar** = *venir.* Aussi : *réussir* : **una obra acertada** = *un travail réussi.*
2. **porque vean** : exprime le but.
3. **cuán de importancia** : apocope* de **cuanto** (combien) devant un adj. ou un adv. : **cuán pronto pasa la vida**... (Même chose pour **tanto** : **estamos tan a gusto**.)
4. **luego** = *immédiatement, sur-le-champ.* Aussi : *puis, ensuite.*

---

* Cf. p. 12.

Là-dessus, faisant route dans les parages, un jeune homme vint à passer ; regardant avec attention le groupe autour de la fontaine, il se précipita vers don Quichotte, lui étreignit les jambes et, fondant en larmes, lui dit :

– Ah ! Seigneur ! Votre Grâce ne me reconnaît pas ? Mais regardez-moi bien : je suis le valet Andrès, que vous avez dégagé de l'arbre où il était attaché.

À ces mots, don Quichotte le reconnut et, le prenant par la main, il se tourna vers ses amis et leur dit :

– Pour que Vos Grâces mesurent combien il est important que se trouvent au monde des chevaliers errants pour réparer les torts et les affronts que des insolents ou de mauvaises gens y commettent, sachez que, ces jours passés, je traversais un bois quand j'entendis des cris et des plaintes comme en pouvait pousser une personne souffrante et en danger. Porté par le devoir, je me dirigeai aussitôt vers l'endroit d'où partaient, me semblait-il, ces cris désolés et je trouvai, attaché à un chêne, ce jeune homme dont la présence ici me réjouit le cœur car il saura vous dire que je ne m'écarte en rien de la vérité. Je disais donc qu'il était attaché à un chêne, nu jusqu'à la ceinture et un paysan, dont je sus plus tard qu'il était son maître, lui lacérait la peau en le fouettant avec les rênes de sa jument. À cette vue, je demandai aussitôt la cause d'une aussi terrible raclée. Le rustre répondit qu'il usait du fouet parce que c'était son valet et que certaines de ses négligences étaient plus le fait d'un voleur que d'un étourdi ;

---

5. **un testigo** = *un témoin.* **Testimoniar la presencia** : *témoigner de.*
6. **las riendas** = *les rênes.* Lorsque l'épisode se déroule, au chap. 4, Cervantes mentionne des coups portés par **una pretina** : *un ceinturon avec boucle.*
7. **villano** = *un villageois.* Peut aussi avoir un sens péjoratif = *rustre, grossier* ; *de basse extraction.*
8. **simple** : **abobado** = *niais.*

a lo cual este niño dijo: «Señor, no me azota sino porque le pido mi salario». El amo replicó no sé qué arengas y disculpas, las cuales, aunque de mí fueron oídas, no fueron admitidas. En resolución, yo le hice desatar, y tomé juramento al villano de que le llevaría consigo y le pagaría un real[1] sobre otro, y aun sahumados[2]. ¿No es verdad todo esto, hijo Andrés? ¿No notaste con cuánto imperio se lo mandé, y con cuánta humildad prometió de hacer todo cuanto yo le impuse[3], y notifiqué, y quise? Responde; no te turbes ni dudes en nada; di lo que pasó a estos señores, porque se vea y considere ser del provecho que digo haber caballeros andantes por los caminos.

–Todo lo que vuestra merced ha dicho es mucha verdad -respondió el muchacho-; pero el fin del negocio sucedió muy al revés de lo que vuestra merced se imagina.

–¿Cómo al revés? -replicó don Quijote-. Luego ¿no te pagó el villano?

–No sólo no me pagó -respondió el muchacho-, pero, así como vuestra merced traspuso[4] del bosque y quedamos solos, me volvió a atar a la mesma encina y me dio de nuevo tantos azotes, que quedé hecho un San Bartolomé desollado; y a cada azote que me daba, me decía un donaire y chufeta[5] acerca de hacer burla de vuestra merced, que, a no sentir yo tanto dolor[6], me riera[7] de lo que decía. En efecto, él me paró tal, que hasta ahora he estado curándome en un hospital del mal que el mal villano entonces me hizo[8].

---

1. **un real** : monnaie ancienne en argent.
2. **sahumado** : vocabulaire culinaire : préparation bonne en soi mais qu'améliore l'adjonction de produits. La traduction passe à côté de cette image (une addition salée).
3. **impuse/notifiqué/quise** : prét. De **imponer**, **notificar**, **querer** à sens de pl. que parf.

ce à quoi ce gamin répondit : « Seigneur, je ne fais que réclamer mon salaire, et c'est pour ça qu'il me bat ». Le maître riposta de quelque sermon et excuses que j'entendis, certes, mais récusai totalement. Bref, je fis détacher le gamin et jurer au paysan qu'il l'emmènerait chez lui et le paierait jusqu'au dernier sou, sans oublier les intérêts. Andrès, mon petit, c'est faux ce que je dis ? Tu as remarqué, n'est-ce pas, avec quelle autorité je lui ai donné mes ordres et avec quelle humilité il a promis de faire tout ce que ma volonté lui avait imposé et notifié ? Allons, parle : ne sois pas troublé, n'hésite pas. Raconte à ces seigneurs ce qui s'est passé afin qu'ils comprennent à quel point la présence des chevaliers errants sur les routes est, comme je le proclame, plus qu'utile.

– Tout ce que Votre Grâce a dit est l'absolue vérité, répondit le jeune homme, mais l'affaire ne s'est pas terminée comme vous l'imaginiez, loin s'en faut.

– Comment, loin s'en faut ? rétorqua don Quichotte, le paysan ne t'a donc pas payé ?

– Non seulement il ne m'a payé – répondit le jeune homme – mais, à peine étiez-vous sorti du bois, nous laissant seuls, qu'il m'a attaché au même chêne et s'est mis à me fouetter si violemment que j'ai fini par ressembler à saint Barthélémy en écorché. Et chaque coup s'accompagnait d'un mot d'esprit, d'une bonne plaisanterie destinée à se moquer de Votre Grâce et qui m'auraient bien fait rire si je n'avais pas tant souffert. Il m'a laissé dans un état tel que, depuis, je n'ai pas quitté l'hôpital pour soigner les blessures que ce maudit paysan m'avait faites.

---

4. **traspuso** : **transpuso** : prét. de **transponer**.
5. **chufeta** : **chufleta**.
6. **á no sentir yo tanto dolor** = **si no yo hubiera sentido**...
7. **me riera** = **me hubiera reido**.
8. **me hizo** = **me había hecho**.

De todo lo cual tiene vuestra merced la culpa; porque si se fuera su camino adelante y no viniera donde no le llamaban, ni se entremetiera en negocios ajenos, mi amo se contentara con darme una o dos docenas de azotes, y luego me soltara y pagara cuanto me debía. Mas como vuestra merced le deshonró tan sin propósito[1], y le dijo tantas villanías[2], encendiósele la cólera, y como no la pudo vengar en vuestra merced, cuando se vio solo descargó sobre mí el nublado, de modo que me parece que no seré más hombre en toda mi vida.

–El daño estuvo -dijo don Quijote- en irme yo de allí; que no me había de ir hasta dejarte pagado; porque bien debía yo de saber, por luengas experiencias, que no hay villano que guarde palabra que diere[3], si él vee[4] que no le está bien guardalla. Pero ya te acuerdas, Andrés, que yo juré que si no te pagaba, que había de ir a buscarle, y que le había de hallar, aunque se escondiese en el vientre de la ballena.

–Así es la verdad -dijo Andrés-; pero no aprovechó nada.

–Ahora verás si aprovecha -dijo don Quijote. [...]

–No me creo desos juramentos -dijo Andrés-; más quisiera[5] tener agora[6] con qué llegar a Sevilla que todas las venganzas del mundo: déme, si tiene ahí, algo que coma y lleve, y quédese con Dios su merced y todos los caballeros andantes[7], que tan bien andantes sean ellos para consigo[8] como lo han sido para conmigo.

Sacó de su repuesto Sancho un pedazo de pan y otro de queso, y dándoselo al mozo, le dijo:

---

1. **tan sin propósito** = contr. de **tan a propósito**.
2. **villanías** : note 7, p. 97.
3. **diere** : arch. fut. subj. de **dar**.
4. **vee** = **ve**, de **ver**.

Et tout cela, c'est de votre faute ; car si vous aviez passé votre chemin et n'étiez pas venu là où on ne vous appelait pas, si vous n'aviez pas fourré votre nez dans ce qui ne vous regardait pas, mon maître se serait contenté de me donner une douzaine de coups de fouet, deux peut-être, puis m'aurait libéré et enfin payé ce qu'il me devait. Mais Votre Grâce l'a tellement outragé sans raison, lui a asséné de telles insultes que la colère lui a chauffé le sang ; comme il ne pouvait se venger sur vous, quand nous nous sommes retrouvés seuls, c'est sur moi qu'est retombé l'orage et, aujourd'hui, je crains fort de ne plus pouvoir être un homme.

– Le mal vient de ce que je suis parti, dit don Quichotte, et je n'aurais pas dû m'en aller avant que tu sois payé ; j'aurais bien dû savoir, l'expérience aidant, que pas un paysan ne respecte la parole donnée, sauf à y trouver son intérêt. Mais tu te souviens, Andrès, j'ai juré que s'il ne te payait pas, il était de mon devoir de l'aller chercher. Je le trouverai, fût-il dans le ventre de la baleine.

– C'est vrai, dit Andrès, mais ça n'a servi à rien.

– Eh bien, maintenant tu vas savoir si ça sert, répliqua don Quichotte. [....]

– Je ne crois guère à tous ces serments, reprit Andrès. À toutes les vengeances du monde, je préfèrerais aujourd'hui avoir de quoi aller jusqu'à Séville. Si vous le pouvez, donnez-moi quelques provisions à emporter. Dieu protège Votre Grâce et tous les chevaliers errants : qu'ils aient aussi bonne main entre eux qu'ils l'ont eue avec moi.

De ses réserves Sancho tira un morceau de pain et un de fromage et les donna au garçon en disant :

---

5. **quisiera** = *je voudrais.* L'espagnol actuel n'utilise pratiquement pas le cond. **querría**.
6. **agora** = **ahora**.
7. **andantes... tan bien andantes** : la 2e fois, introduit l'idée de « **suerte** », bonne ou mauvaise qu'exprime le mot **andanzas**.
8. **para con** = *à l'égard de.*

–Tomá[1], hermano Andrés; que a todos nos alcanza parte de vuestra desgracia.

–Pues ¿qué parte os alcanza a vos[2]? -preguntó Andrés.

–Esta parte de queso y pan que os doy -respondió Sancho-, que Dios sabe si me ha de hacer falta o no; porque os hago saber, amigo, que los escuderos de los caballeros andantes estamos sujetos a mucha hambre y a mala ventura, y aun a otras cosas que se sienten mejor que se dicen.

Andrés asió de[3] su pan y queso y, viendo que nadie le daba otra cosa, abajó su cabeza y tomó el camino en las manos[4], como suele decirse. Bien es verdad que, al partirse, dijo a don Quijote:

–Por amor de Dios, señor caballero andante, que si otra vez me encontrare, aunque vea que me hacen pedazos, no me socorra ni ayude, sino déjeme con mi desgracia; que no será tanta, que no sea mayor la que me vendrá de su ayuda de vuestra merced[5], a quien Dios maldiga, y a todos cuantos caballeros andantes han nacido en el mundo.

Íbase a levantar don Quijote para castigalle[6]; mas él se puso a correr de modo que ninguno se atrevió a seguille. Quedó corridísimo[7] don Quijote del cuento de Andrés, y fue menester que los demás tuviesen mucha cuenta con no reírse, por no acaballe de correr del todo.

---

1. **tomá** = **tomad** : on remarque le vouvoiement confirmé par « **vuestra** » **desgracia**.
2. **a vos** : pron. disparu, subsiste sous la forme **vos** + **otros**. Auj. **vosotros** représente obligatoirement plusieurs personnes.
3. **asió de** = **asir** + c.o.d.

– Tenez, ami Andrès ; nous prenons tous part à votre malheur.
– Ah bon ! Et quelle part prenez-vous, vous ? demanda Andrès.
– Cette part de pain et de fromage que je vous offre, répondit Sancho, j'en aurai peut-être besoin, Dieu seul le sait ; mais, retenez une chose, mon ami : nous, les écuyers des chevaliers errants, sommes exposés à la faim et aux revers de fortune, et à bien d'autres choses que l'on ressent mieux qu'on ne les exprime.

Andrès saisit le pain et le fromage et, voyant que rien ne suivait, baissa la tête et se mit en route, comme on dit. Mais avant de partir il s'adressa à don Quichotte en ces termes :
– Pour l'amour de Dieu, Monsieur le Chevalier errant, si vous me rencontrez de nouveau, et voyez qu'on fait de moi de la charpie, n'accourez pas à mon secours, ne me venez pas en aide mais laissez-moi à mon malheur qui n'atteindra jamais celui que votre aide me vaudra. Dieu maudisse Votre Grâce et tous les chevaliers errants de ce monde.

Don Quichotte était à deux doigts de se lever pour le corriger, mais il se mit à courir si vite que personne n'osa le poursuivre. Don Quichotte fut particulièrement mortifié par le récit d'Andrès et tous prirent bien garde de ne point en rire pour ne pas le mortifier davantage.

---

4. **tomar el camino en las manos** : fam. : **ponerse en camino**.
5. **de su ayuda de vuestra merced** : redondance = **de la ayuda de**...
6. **castigalle**, **seguille**, **acaballe** : phénomène d'assimilation déjà rencontré : inf. + pron.
7. **corridísimo** : superlatif de **corrido** : *honteux* ; **correrse** = *avoir honte* et, bien sûr, **correr** = *courir, couler*.

Septième extrait

Deuxième partie – Chapitre 5

De la discreta y graciosa[1] plática que pasó entre Sancho Panza y su mujer Teresa Panza, y otros sucesos dignos de felice recordación

De la conversation drôle et sage qu'eurent Sancho Panza et sa femme Teresa Panza, et autres faits d'heureuse souvenance.

[Dix ans après la première partie (et sans doute pour répondre au **Don Quichotte** apocryphe d'Avellaneda), Cervantès écrit une seconde partie à son roman : on avait laissé don Quichotte bien mal en point, au retour de Saragosse, mais, après quelque temps de convalescence, il décide de reprendre ses anciennes errances en compagnie de son fidèle Sancho].

1. **gracioso** = *amusant, qui a de l'esprit* dans le théâtre du XVIIe s. ; **el gracioso** = *le bouffon.*

Llegando a escribir el traductor[1] desta historia este quinto capítulo, dice que le tiene por apócrifo, porque en él habla Sancho Panza con otro estilo del que se podía prometer de su corto ingenio[2], y dice cosas tan sutiles, que no tiene por posible que él las supiese, pero que no quiso dejar de traducirlo, por cumplir con lo que a su oficio debía, y así, prosiguió diciendo:

Llegó Sancho a su casa tan regocijado y alegre, que su mujer conoció su alegría a tiro de ballesta; tanto, que la obligó a preguntarle:

–¿Qué traéis[3], Sancho amigo, que tan alegre venís?

A lo que él respondió:

–Mujer mía, si Dios quisiera, bien me holgara yo de no estar tan contento como muestro.

–No os entiendo, marido -replicó ella-, y no sé qué queréis decir en eso de que os holgáredes[4], si Dios quisiera, de no estar contento; que, maguer tonta[5], no sé yo quién recibe gusto de no tenerle.

–Mirad, Teresa -respondió Sancho-: yo estoy alegre porque tengo determinado de volver a servir a mi amo don Quijote, el cual quiere la vez tercera salir a buscar las aventuras; y yo vuelvo a salir con él, porque lo quiere así mi necesidad, junto con la esperanza, que me alegra, de pensar si podré hallar otros cien escudos[6] como los ya gastados, puesto que me entristece el haberme de apartar de ti y de mis hijos;

---

1. **traductor** = clin d'œil au lecteur : Cervantes feint, à plusieurs reprises, de n'être que le porte-parole d'un auteur « **arábigo** » (*arabe*) du nom de **Cide Hamete Benengeli**.
2. **ingenio** = *l'esprit*, *l'intelligence*, *la ruse*. Adj. **ingenioso** : **el ingenioso hidalgo Don Quijote de la Mancha**.
3. **traéis** : 2e p. du plur. qui annonce, à l'époque de Cervantes, un vouvoiement. Cependant, pour ne pas trop s'éloigner du français actuel, la traduction choisit le tutoiement entre les époux.

Au moment d'écrire le cinquième chapitre de cet ouvrage, le traducteur affirme le tenir pour apocryphe car Sancho Panza y use d'un style différent de celui que laissait espérer sa courte intelligence et y exprime des choses si subtiles qu'il parait impossible qu'il ait pu les connaître ; mais, se devant à son métier, il ne voulut pas interrompre sa traduction et poursuivit donc :

Sancho Panza arriva chez lui si joyeux, si rayonnant, que sa femme en entendit l'écho à une portée d'arbalète et fut forcée de lui demander :

– Qu'est-ce que tu as, ami Sancho, pour être si joyeux ?

– Ma foi, s'il plaisait à Dieu qu'il en fût autrement, je me réjouirais de ne pas être aussi satisfait que je le suis aujourd'hui.

– Ah ça, mon homme, je ne te comprends pas, répliqua-t-elle. Qu'est ce que tu veux dire par « je me réjouirais, s'il plaisait à Dieu, de ne pas être satisfait » ; franchement, sans être bien fine, je me demande qui peut prendre du plaisir à ne pas en avoir.

– Teresa, je t'explique : je suis content parce que j'ai décidé de repartir au service de mon maître don Quichotte qui, pour la troisième fois, veut partir chercher l'aventure ; et moi, je repars avec lui parce que le besoin m'y pousse et que mon cœur se réjouit dans l'espoir de trouver encore cent écus, comme ceux qu'on a dépensés ; mais je suis triste de devoir m'éloigner de toi et des enfants ;

---

4. **os holgárades** = **os holgarais**. Traduire par un conditionnel.
5. **maguer tonta** = *bien que, quoique*. **Magüer** = **aunque**.
6. **cien escudos** : allusion aux cent écus d'or découverts fortuitement par don Quichotte et Sancho dans un sac abandonné au plus profond de la sierra. (cf. chap. 23).

y si Dios quisiera darme de comer a pie enjuto y en mi casa, sin traerme por vericuetos y encrucijadas, pues lo podía[1] hacer a poca costa y no más de quererlo[2], claro está que mi alegría fuera[3] más firme y valedera, pues que la que tengo va mezclada con la tristeza del dejarte: así, que dije bien que holgara, si Dios quisiera, de no estar contento.

–Mirad, Sancho -replicó Teresa-: después que os hicistes[4] miembro de caballero andante, habláis de tan rodeada[5] manera, que no hay quien[6] os entienda.

–Basta que me entienda Dios, mujer -respondió Sancho-, que Él es el entendedor de todas las cosas, y quédese esto aquí; y advertid, hermana, que os conviene tener cuenta estos tres días con el rucio, de manera que esté para armas tomar: dobladle los piensos[7], requerid la albarda y las demás jarcias[8]; porque no vamos a bodas, sino a rodear el mundo, y a tener dares y tomares[9] con gigantes, con endriagos y con vestiglos[10], y a oír silbos, rugidos, bramidos y baladros; y aun todo esto fuera flores de cantueso[11] si no tuviéramos que entender con yangüeses[12] y con moros encantados.

–Bien creo yo, marido -replicó Teresa-, que los escuderos andantes no comen el pan de balde; y así, quedaré rogando a Nuestro Señor os saque[13] presto de tanta mala ventura.

–Yo os digo, mujer -respondió Sancho-, que si no pensase antes de mucho tiempo verme gobernador de una ínsula, aquí me caería muerto.

---

1. **lo podía** : sens de conditionnel.
2. **no más de querelo = sólamente con querelo** : *il suffirait de…*
3. **mi alegría fuera = sería**.
4. **os hicistes = os hicisteis**, prét. de **hacer** 2e p. du plur.
5. **rodear** = *entourer, contourner.* Cf. **un rodeo** : 1er sens : sorte de déviation qui allonge le trajet. **Hablar sin rodeos** = *parler sans détours.* **Andar con rodeos** = *tourner autour du pot.*
6. **no hay quien + subj.** = *il n'y a personne pour.*
7. **los piensos** = *nourriture d'un animal.* Ne pas confondre avec **pienso**, du verbe **pensar**.

et s'il plaisait à Dieu de me donner mon pain quotidien, chez moi, hors des intempéries, sans m'entraîner par voies et par chemins – ça lui coûterait peu, suffirait de vouloir -, ma joie serait évidemment plus vive, plus authentique car il s'y mêle le chagrin de t'abandonner : voilà pourquoi j'ai bien dit que, s'il plaisait à Dieu qu'il en fût autrement, je me réjouirais de ne pas être satisfait.

– Écoute, Sancho, répondit Teresa, depuis que tu es devenu membre de la chevalerie errante, tu ne sais plus parler simplement et il n'y a plus moyen de te suivre.

– Il suffit que Dieu me comprenne, tu sais, parce que Lui comprend tout. Et maintenant, passons à autre chose, répondit Sancho. Il faut que pendant ces trois jours tu prennes bien soin du baudet, il faut qu'il soit fin prêt : double-lui sa ration, vérifie l'état de son bât et de son attirail ; c'est que nous n'allons pas à la noce ! Nous allons parcourir le monde, aurons maille à partir avec des géants, des monstres et des dragons, écouterons des bêtes siffler, rugir, mugir, bêler ; et tout cela serait roupie de sansonnet s'il ne nous fallait pas compter sur les gens de Yangua et les Maures enchantés.

– Ah ! je vois bien, pauvre homme, répliqua Teresa, que les écuyers errants ne volent pas leur pain et ma prière au Seigneur sera pour qu'Il te tire bien vite d'un si mauvais pas.

– La vérité, ma femme, répondit Sancho, c'est que si je n'espérais pas me voir, d'ici peu, gouverneur d'une île, je tomberais raide mort, ici même.

---

8. **jarcias** : voc. de la mer : désigne *l'attirail de pêche, les instruments d'un bateau.*
9. **tener dares y tomares** = **discutir**, **altercar** = *se quereller.*
10. **endriagos y vestiglos** : monstres chimériques.
11. **flores de cantueso** = **cosa de nonada** (le **cantueso** ayant une fleur minuscule) = *peu de chose, rien du tout.*
12. **yangüeses** : *muletiers* originaires de Yanguas, province de Ségovie, réputés pour leur force. Au chap. 15, par la faute de Rossinante, ils flanquent une sacrée râclée à don Quichotte et Sancho.
13. **saque** : prés. du subj. de **sacar**.

–Eso no, marido mío -dijo Teresa-: viva la gallina, aunque sea con su pepita[1]: vivid vos, y llévese el diablo cuantos gobiernos hay en el mundo; sin gobierno salistes[2] del vientre de vuestra madre, sin gobierno habéis vivido hasta ahora, y sin gobierno os iréis, o os llevarán, a la sepultura cuando Dios fuere servido. Como ésos[3] hay en el mundo que viven sin gobierno, y no por eso dejan de vivir y de ser contados en el número de las gentes. La mejor salsa del mundo es la hambre[4]; y como ésta no falta a los pobres, siempre comen con gusto. Pero mirad, Sancho: si por ventura os viéredes[5] con algún gobierno, no os olvidéis de mí y de vuestros hijos. Advertid que Sanchico tiene ya quince años cabales, y es razón[6] que vaya a la escuela, si es que su tío el abad le ha de dejar hecho de la Iglesia[7]. Mirad también que Mari Sancha, vuestra hija, no se morirá si la casamos; que me va dando barruntos que desea tanto tener marido como vos deseáis veros con gobierno; y, en fin en fin, mejor parece la hija mal casada[8] que bien abarraganada.

–A buena fe – respondió Sancho- que si Dios me llega a tener algo qué de gobierno, que tengo de casar, mujer mía, a Mari Sancha tan altamente que no la alcancen[9] sino con llamarla señora.

–Eso no, Sancho -respondió Teresa-; casadla con su igual, que es lo más acertado;

---

1. **pepita** = maladie de la langue chez certains volatiles (*pépie*).
2. **salistes** = **salisteis** (prét. de **salir**).
3. **como ésos** : sous-entendu : **hombres como ésos**.
4. **la hambre** : mot fém. Auj. **el hambre, comme el agua**.
5. **si os viéredes** : fut. du subj. de **ver**. **Si os viereis**. Traduit par un prés. de l'indic., avec une locution exprimant l'éventualité.

– Il n'en est pas question, mon homme, répliqua Teresa : la poule doit vivre, même avec sa pépie : reste en vie, et le diable emporte tous les gouvernements du monde ; c'est sans gouvernement que tu es sorti du ventre de ta mère, sans gouvernement que tu as vécu jusqu'à présent, et c'est sans gouvernement que tu iras en terre ou qu'on t'y portera, quand il plaira à Dieu. Des gens sans gouvernement, il y en a plein le monde, et pourtant ils n'en meurent pas et font toujours partie des vivants. Jamais une sauce ne paraît aussi bonne que quand on a faim, et comme il y a beaucoup d'affamés parmi les pauvres, ils mangent toujours avec plaisir. Alors, vois, Sancho : si par hasard, un jour, tu te retrouves gouverneur, ne nous oublie pas, moi et les enfants. Sanchico, tu le sais, à quinze ans révolus et c'est le moment de l'envoyer à l'école si son oncle abbé doit faire de lui un homme d'Eglise. Pense aussi que ta fille, Maria Sancha, n'en mourra pas si nous la marions : j'ai comme le pressentiment qu'elle souhaite se voir mariée autant que toi te voir gouverneur ; et, à la fin des fins, mieux vaut un mauvais mariage qu'un bon concubinage.
– Je te donne ma parole, répondit Sancho, que si Dieu me donne enfin quelque chose qui ressemble à un gouvernement, je marierai Mari Sancha si bien qu'on ne pourra s'adresser à elle qu'en lui donnant du « Madame ».
– Ah ! pas question, Sancho, répondit Teresa ; trouve-lui un mari de sa condition, c'est le plus sage :

---

6. **ser razón** = *être juste.*
7. **dejar hecho de la Iglesia** = *en faire un homme d'Église.*
8. **mal casada** : sorte de proverbe que l'on trouvait et trouve encore sous la forme : **más vale bien amancebada que mal casada**, c. à. d. le contr. de ce qui dit Teresa.
9. **no lo alcancen** : prés. du subj. d'**alcanzar**.

que si de los zuecos[1] la sacáis a chapines, y de saya parda de catorceno a verdugado y saboyanas de seda, y de una Marica y un tú a una doña tal y señoría, no se ha de hallar[2] la mochacha[3], y a cada paso ha de caer en mil faltas, descubriendo[4] la hilaza de su tela basta[5] y grosera.

–Calla, boba -dijo Sancho-; que todo será usarlo dos o tres años; que después le vendrá el señorío y la gravedad como de molde[6]; y cuando no, ¿qué importa? Séase ella señoría, y venga lo que viniere.

–Medíos[7], Sancho, con vuestro estado -respondió Teresa-; no os queráis alzar a mayores, y advertid al refrán que dice: «Al hijo de tu vecino[8], límpiale las narices y métele en tu casa». ¡Por cierto que sería gentil cosa casar a nuestra María con un condazo[9], o con caballerote que cuando se le antojase la pusiese como nueva[10], llamándola de villana, hija del destripaterrones y de la pelarruecas[11]! ¡No en mis días, marido! ¡Para eso, por cierto, he criado yo a mi hija! Traed vos dineros, Sancho, y el casarla dejadlo a mi cargo; que ahí está Lope Tocho, el hijo de Juan Tocho, mozo rollizo[12] y sano, y que le conocemos, y sé que no mira de mal ojo a la mochacha; y con éste, que es nuestro igual, estará bien casada, y le tendremos siempre a nuestros ojos, y seremos todos unos[13], padres y hijos, nietos y yernos, y andará la paz y la bendición de Dios entre todos nosotros; y no casármela vos ahora en esas cortes[14] y en esos palacios grandes, adonde ni a ella la entiendan, ni ella se entienda.

---

1. **zuecos**, **chapines** (*chaussures*), **saya parda**, **verdugado y saboyana** (*jupes*) : l'ascension sociale passe par le vêtement. Mari Sancha abandonnerait son vestiaire de paysanne pour adopter la mode de la cour. Pour le *vertugadin*, voir les tableaux de Velásquez, en particulier ***Las Meninas***. La **saboyana**, ou **basquiña**, était une robe ouverte devant que des chansons avaient popularisée.
2. **no se ha de hallar** = **no se hallará**.
3. **mochacha** = **muchacha**.
4. **descubrir** : ici, *révéler*.
5. **la hilaza de su tela basta** = *le fil grossier de sa toile épaisse*.
6. **como de molde** : idée d'un *moule*, d'un *modelage* que la traduction ne rend pas.

si tu la fais passer de ses sabots à de fins souliers, de l'épaisse toile de sa jupe brune à la soie d'un vertugadin ou d'une basquine, d'une *Marica* que l'on tutoie à une *dame Untel* ou *Votre Seigneurie*, la pauvre petite sera perdue ; à chaque instant elle fera mille faux pas, et l'on reconnaîtra vite le lait qui l'a nourrie.

– Mais tais-toi donc, grande bête, dis Sancho. Il lui faudra seulement deux ou trois ans de pratique ; ensuite elle aura de l'allure et de la dignité comme si elle était née avec ; et, dans le cas contraire, qu'est-ce que ça peut faire ? Qu'elle soit d'abord *votre seigneurie* et advienne que pourra.

– Reste à ta place, Sancho, reprit Teresa ; ne cherche pas trop à t'élever et rappelle-toi ce proverbe : « Ne nous associons qu'avec nos égaux ». Ah ! ce serait joli de caser notre Maria à une espèce de comte ou de noblaillon qui, le jour où ça le prendra, la mettra plus bas que terre et la traitera de rustaude, de fille de cul-terreux et de tourne-quenouille. Jamais de la vie, Sancho, car ce n'est pas pour cela que j'ai élevé ma fille ! Contente-toi de ramener de l'argent, moi je me charge de la marier. Nous avons à deux pas Lope Tocho, le fils de Juan Tocho : c'est un garçon sain et robuste, nous le connaissons et je sais qu'il regarde la petite plutôt d'un bon œil : avec lui, elle sera bien mariée parce qu'il est de notre condition, nous l'aurons toujours sous nos yeux et nous vivrons ensemble, parents et enfants, petits-enfants et gendres et la paix du Christ sera parmi nous ; c'est bien autre chose que de la marier, comme tu le ferais, dans ces grandes cités ou ces immenses palais où elle resterait étrangère à tous et même à elle-même.

---

7. **medíos** : impér. de **medir**, 2e p. du plur.
8. **al hijo de tu vecino** (littér. : *prends le fils de ton voisin, mouche-le et marie-le avec ta fille*) ; autre prov. : **Casar y compadrar, cada cual con su igual**. Nécessité de rester dans son milieu.
9. **condazo**, de **conde** ; **caballerote**, de **caballero**. **-azo**, **-ote** : suffixes péjoratifs.
10. **poner como nuevo** = *faire honte, railler, blesser.*
11. **pelarruecas** : m. à m. une *pèle-quenouille*. Le mot étant composé de **pela** et **ruecas**, et le **r** initial étant roulé, on écrit **rr** pour conserver la prononciation. Cf. **el virrey** = *le vice-roi.*
12. **rollizo** = *dodu, potelé.*
13. **todos unos** = **todos juntos**.
14. **esas cortes** = au sens de *grandes villes.*

–Ven acá, bestia y mujer de Barrabás[1] -replicó Sancho-; ¿por qué quieres tú ahora, sin qué ni para qué, estorbarme que no case[2] a mi hija con quien me dé[3] nietos que se llamen señoría? Mira, Teresa: siempre he oído decir a mis mayores que el que no sabe gozar de la ventura cuando le viene, que no se debe quejar si se le pasa. Y no sería bien que ahora que está llamando a nuestra puerta, se la cerremos: dejémonos llevar deste viento favorable que nos sopla.

Por este modo de hablar, y por lo que más abajo dice Sancho, dijo el traductor desta historia que tenía por apócrifo este capítulo.

–¿No te parece, animalia[4] -prosiguió Sancho-, que será bien dar con mi cuerpo en algún gobierno provechoso que nos saque el pie del lodo[5]? Y cásese a Mari Sancha con quien yo quisiere, y verás cómo te llaman a ti doña Teresa Panza, y te sientas en la iglesia sobre alcatifa, almohadas y arambeles, a pesar[6] y despecho[7] de las hidalgas del pueblo. ¡No, sino estaos siempre[8] en un ser, sin crecer ni menguar, como figura de paramento! Y en esto no hablemos más; que Sanchica ha de ser[9] condesa, aunque tú más me digas[10].

–¿Veis cuanto decís, marido? -respondió Teresa-. Pues con todo eso, temo que este condado de mi hija ha de ser su perdición. Vos haced lo que quisiéredes[11], ora la hagáis duquesa, o princesa; pero séos[12] decir que no será ello con voluntad ni consentimiento mío. Siempre, hermano, fui amiga de la igualdad, y no puedo ver entonos sin fundamentos.

---

1. **Barrabás** = *Barabbas* : dans les Évangiles, voleur condamné à mort et grâcié à l'occasion de la Pâque.
2. **estorbarme en no** = **impedir que** : *faire obstacle à.*
3. **dé** = prés. du subj. de **dar**.
4. **animalia** : **animaña** = *animal sans raison.*
5. **sacar el pie del lodo** = m. à m. : *sortir le pied de la boue.*

– Mais, grande bête, femme de Barabbas, répondit Sancho, pourquoi veux-tu à présent, sans rimes ni raisons, m'empêcher de marier ma fille à celui qui me donnerait des petits-enfants que l'on appellerait Votre Seigneurie ? Écoute, Teresa, j'ai toujours entendu dire à nos aînés que celui qui ne sait pas saisir une chance quand elle se présente ne doit pas se plaindre de la voir lui échapper. Et ce serait dommage de lui fermer notre porte au moment où elle frappe : laissons-nous porter par le souffle de ce vent favorable.

C'est pour cette façon de s'exprimer ici et pour ce qui suit que le traducteur de cette histoire a pu dire que ce chapitre était apocryphe.

– Mais, pauvre niaise, poursuivit Sancho, ça ne te plaît pas que je déniche quelque gouvernement lucratif qui nous mettra la tête hors de l'eau et que Mari Sancha se marie avec quelqu'un de mon choix ? On t'appellera *doña Teresa Sancha*, tu verras, et, à l'église, tu seras entourée de tapis, tentures et coussins pour le plus grand dépit des dames nobles du pays. Sinon, tu restes toujours au même point, sans avancer ni reculer, comme un personnage de tapisserie. Maintenant, ça suffit : tu peux toujours parler, Sanchica sera comtesse.

– Est-ce que tu te rends compte de ce que tu dis, mon pauvre ami – répondit Teresa – ? Moi, malgré tout, j'ai peur que cet état de comtesse ne conduise ma fille à sa perte. Tu en fais ce que tu veux, une duchesse, une princesse, mais je te répète que c'est contre mon gré et sans mon consentement. Moi, j'ai toujours aimé l'égalité, tu le sais, et j'ai horreur de ces prétentions sans fondement.

---

6. **a pesar de** = *malgré*.
7. **a despecho de** = *en dépit de* : l'idée du dépit des grandes dames doit être conservé.
8. **estaos** : impér. de **estár**, 2e p. du plur.
9. **ha de ser** = **será**.
10. **aunque tú más me digas** = **por más que me digas** = *quoi que tu dises.*
11. **lo quisiéredes** : fut. du subj. **quisiereis**, traduit par fut. simple.
12. **séos** = **sé**, de **saber** prés. indic. 1re p. sing.

Teresa me pusieron en el bautismo, nombre mondo y escueto, sin añadiduras ni cortapisas[1], ni arrequives[2] de dones ni donas; Cascajo se llamó mi padre, y a mí, por ser vuestra mujer, me llaman Teresa Panza, (que a buena razón me habían de[3] llamar Teresa Cascajo, pero allá van reyes do quieren leyes[4]), y con este nombre me contento, sin que me le pongan un don encima, que pese tanto, que no le pueda llevar, y no quiero dar que decir a los que me vieren andar vestida a lo condesil[5] o a lo de gobernadora, que luego dirán: «¡Mirad qué entonada va la pazpuerca[6]! Ayer no se hartaba de estirar de un copo de estopa, y iba a misa cubierta la cabeza[7] con la falda de la saya, en lugar de manto, y ya hoy va con verdugado, con broches y con entono[8], como si no la conociésemos.» Si Dios me guarda mis siete, o mis cinco sentidos, o los que tengo, no pienso dar ocasión de verme en tal aprieto; vos, hermano, idos a ser gobierno o ínsulo, y entonaos a vuestro gusto; que mi hija ni yo, por el siglo de mi madre[9] que no nos hemos de mudar un paso de nuestra aldea: la mujer honrada[10], la pierna quebrada, y en casa; y la doncella honesta, el hacer algo es su fiesta. Idos con vuestro don Quijote a vuestras aventuras, y dejadnos a nosotras con nuestras malas venturas; que Dios nos las mejorará como seamos buenas; y yo no sé, por cierto, quién le puso a él don que no tuvieron sus padres ni sus agüelos[11].

---

1. **cortapisas** = garnitures de vêtements.
2. **arrequives** = *des atours.*
3. **me habían de** = **me habrían de**...
4. **allá van reyes do quieren leyes** = **do quieren** = **donde quieren**. **Teresa** inverse le proverbe qui disait : **allá van leyes do quieren reyes** : en gros, *le roi fait la loi... sans la respecter.*
5. **a lo condesil** : **a lo** + adj. = *à la manière de.* **Condesa** : fém. de **conde**.
6. **pazpuerca** : très péjoratif : *femme grossière et sale.*

À mon baptême, on m'a appelée Teresa : c'est un nom simple et sobre, sans rallonges ni fanfreluches ni garnitures de *dones* ni de *donas* ; mon père s'appelait Cascajo et moi je suis Teresa Panza depuis que je suis ta femme (logiquement, on devrait m'appeler Teresa Cascajo mais la loi reste la loi, même pour le roi) et je me contente de ce nom sans qu'on m'y ajoute un *don* si lourd que je ne pourrais pas le porter ; et je ne veux pas faire parler ceux qui me verraient passer en comtesse ou en femme de gouverneur et ne manqueraient pas de dire : « Regardez les grands airs qu'elle prend, cette cochonne ! Hier encore elle ne faisait qu'étirer l'étoupe de sa quenouille et, faute de cape, relevait sa jupe pour se couvrir la tête, à la messe. Aujourd'hui, ça porte vertugadin et broches, ça se pavane comme si nous ne savions pas qui elle est… ». Si Dieu me conserve mes sept sens ou bien mes cinq, enfin ceux que j'ai, je n'ai pas l'intention de me mettre dans une situation aussi embarrassante ; toi, Sancho, vas-y, sois gouverneur ou simple insulaire, et bombe le torse à ta guise ; mais ni ma fille ni moi, je le jure sur la mémoire de ma mère, ne bougerons de notre village : honnêteté et jambe cassée font au logis femmes demeurer ; et pour la fille honnête, le travail est une fête. Pars donc avec ton don Quichotte chercher vos aventures et laisse-nous ici à nos mésaventures. Dieu nous viendra en aide si nous en sommes dignes ; et, franchement, je me demande qui lui a donné ce *don* qui ne lui vient ni de son père ni de ses aïeux.

---

7. **cubierta la cabeza** : les femmes ne pouvaient entrer tête nue dans les églises et les plus pauvres d'entre elles relevaient leur jupe pour se couvrir la tête.
8. **entonarse** = *se pavaner.*
9. **por el siglo de mi madre** : déjà employé au chap. 35 = *sur la tête de ma mère, sur la mémoire de…* **Siglo** : arch. = **vida eterna**.
10. **honrada** = *honnête, honorable.*
11. **agüelos** = **abuelos**.

Huitième extrait

Deuxième partie – Chapitre 41

De la venida de Clavileño[1], con el fin desta dilatada aventura.

De l'arrivée de Clavileño et de la fin de cette longue aventure.

[Partis depuis plus de trois semaines de leurs villages, don Quichotte et Sancho aperçoivent, non loin des rives de l'Ebre, une chasse à courre et font ainsi connaissance de la Duchesse. Le Duc et elle, par pure distraction, inventent une fable, montent un stratagème et mettent à l'épreuve la générosité de don Quichotte et le courage de Sancho.]

---

1. **Clavileño** : mot composé de **clavo** (subst.) = *clou* (y compris de girofle) et **leño** (subst.) = *bois*. Dans les compositions subst. + adj., le subst. (sans doute par imitation du latin) se termine par **i**. Ex : **boquiabierto** = **con la boca abierta**. Cervantes s'inspire de cette construction. Veut-on dire que Clavileño est d'un bois aussi dur que le fer ?

Llegó en esto la noche, y con ella el punto determinado en que el famoso caballo Clavileño viniese, cuya tardanza fatigaba[1] ya a don Quijote, pareciéndole que, pues Malambruno[2] se detenía en enviarle, o que él no era el caballero para quien estaba guardada aquella aventura, o que Malambruno no osaba venir con él a singular batalla. Pero veis aquí cuando a deshora[3] entraron por el jardín cuatro salvajes, vestidos todos de verde yedra, que sobre sus hombros traían un gran caballo de madera. Pusiéronle de pies en el suelo, y uno de los salvajes, dijo:

–Suba sobre esta máquina el caballero que tuviere ánimo para ello.

–Aquí -dijo Sancho- yo no subo, porque ni tengo ánimo, ni soy caballero.

Y el salvaje prosiguió diciendo:

–Y ocupe las ancas el escudero, si es que lo tiene, y fíese[4] del valeroso Malambruno, que si no fuere[5] de su espada, de ninguna otra, ni de otra malicia, será ofendido; y no hay más[6] que torcer esta clavija que sobre el cuello trae puesta, que él os llevará por los aires, adonde los atiende[7] Malambruno; pero porque la alteza y sublimidad del camino no les cause vaguidos, se han de cubrir los ojos hasta que el caballo relinche, que será señal de haber dado fin a su viaje.

Esto dicho, dejando a Clavileño, con gentil continente[8], se volvieron por donde habían venido. La Dolorida[9], así como vio al caballo, casi con lágrimas dijo a don Quijote:

---

1. **fatigar** = **molestar**, **vejar**. **Cansar** = *fatiguer*.
2. **Malambruno** : le géant Malambruno, jeteur de sort maléfique, a transformé sa nièce, la princesse Antonomasia, en statue de bronze et ne lui rendra sa nature humaine que si don Quichotte accepte de se mesurer à lui. Le cheval Clavileño assurera le transport.
3. **a deshora** = **fuera de sazón y tiempo**.
4. **fíese** = **que se fíe**, du v. **fiar en**.

Puis vint la nuit et, avec elle, le moment choisi pour la venue du fameux cheval Clavileño dont le retard commençait à agacer don Quichotte qui pensait que Malambruno prenait son temps pour le lui envoyer, ou que cette aventure était réservée à un autre que lui ou encore que Malambruno n'osait se mesurer à lui en combat singulier. Et voilà qu'au moment le plus inattendu apparaissent, dans le jardin, quatre sauvages tout revêtus de lierre, portant sur leurs épaules un grand cheval de bois. Ils le posent à terre et l'un des sauvages de dire :
– Que monte sur cette machine le chevalier qui en aura le courage.
– Moi, dit Sancho, je ne peux pas monter, car je n'ai ni le courage ni le titre de chevalier.
Et le sauvage de poursuivre :
– Que son écuyer – s'il en a un – monte en croupe : qu'il fasse confiance au valeureux Malambruno car aucun danger, aucune épée autre que la sienne, ne le guette ; il vous suffira de tourner cette cheville que le cheval porte sur l'encolure pour vous élever dans les airs où vous attend Malambruno ; mais, pour éviter les étourdissements que ce voyage sublime et l'altitude pourraient provoquer, vous devrez garder les yeux bandés jusqu'au moment où le hennissement du cheval signalera que le périple arrive à son terme.
Cela dit, ils laissèrent Clavileño et s'en allèrent, d'une allure digne, par où ils étaient venus. Dès que la Dolorida vit le cheval, elle s'adressa à don Quichotte, les larmes au bord des yeux :

---

5. **si no fuere** = **si no fuera**.
6. **no hay más que** = *il n'y a qu'à...*
7. **atender** : ici = **esperar**. **Atender** : *s'occuper de.*
8. **el continente** = *le maintien, l'allure.*
9. **La Dolorida** : appelée aussi Comtesse Trifaldi (**de las tres faldas**) – duègne responsable du déshonneur de la princesse Antonomasia – a vu son menton se couvrir d'une longue barbe...

–Valeroso caballero, las promesas de Malambruno han sido ciertas: el caballo está en casa, nuestras barbas crecen, y cada una de nosotras y con cada pelo dellas te suplicamos nos rapes y tundas, pues no está en[1] más sino en que subas en él con tu escudero, y des felice[2] principio a vuestro nuevo[3] viaje.

–Eso haré yo, señora Condesa Trifaldi, de muy buen grado y de mejor talante, sin ponerme a tomar cojín, ni calzarme espuelas, por no detenerme; tanta es la gana que tengo de veros a vos, señora, y a todas estas dueñas rasas y mondas[4].

–Eso no haré yo -dijo Sancho-, ni de malo ni de buen talante, en ninguna manera; y si es que este rapamiento no se puede hacer sin que yo suba a las ancas, bien puede buscar mi señor otro escudero que le acompañe, y estas señoras otro modo de alisarse los rostros; que yo no soy brujo[5], para gustar de andar por los aires. Y ¿qué dirán mis insulanos cuando sepan que su gobernador se anda paseando por los vientos? Y otra cosa más: que habiendo tres mil y tantas leguas de aquí a Candaya[6], si el caballo se cansa, o el gigante se enoja, tardaremos en dar la vuelta[7] media docena de años, y ya ni habrá ínsula, ni ínsulos en el mundo que me conozcan; y pues se dice comúnmente que en la tardanza va el peligro, y que cuando te dieren la vaquilla acudas con la soguilla, perdónenme las barbas destas señoras, que bien se está San Pedro en Roma;

---

1. **está en** = consiste en ; **no está en más sino en que** = **basta con que subas**...
2. **felice** = **feliz**.
3. **nuevo** = *nouveau*, dans le sens de *nouvelle aventure* mais aussi *aventure d'un genre nouveau.*
4. **mondo**, cf. **mondar** = *tondre*, *nettoyer*, *éplucher* des légumes.
5. **brujo** : cf. **el Amor brujo** : *l'Amour sorcier* de Manuel de Falla.

– Valeureux chevalier, les promesses de Malambruno ont été tenues : le cheval est ici, nos barbes poussent et chacune d'entre nous, pour chaque poil qui nous vient, te supplions de faire que nous soyons rasées et tondues: il te suffit, pour cela, de monter à cheval avec ton écuyer pour entamer favorablement cette nouvelle aventure.
– Madame la Comtesse Trifaldi, je vais le faire de bonne grâce et avec un plaisir extrême : et pour ne pas m'attarder, je partirai sans prendre de coussin ni chausser d'éperons tant mon désir est grand de vous voir, madame, et toutes les autres, le menton bien lisse.
– Moi, je ne le ferai pas, dit Sancho, ni avec plaisir ni avec déplaisir, il n'en est pas question et si, pour ce rasage, il est indispensable que je monte en croupe, mon maître peut bien chercher un autre écuyer qui l'accompagne et ces dames un autre moyen de se lisser la peau : moi, je ne suis pas un sorcier pour aimer circuler par les airs. De plus, que diront mes insulaires quand ils sauront que leur gouverneur voyage dans le vent ? Autre chose encore : il y a plus de trois mille lieues d'ici à Candaya : imaginons que le cheval se fatigue, ou que le géant prenne la mouche, nous mettrons au moins six ans à faire notre périple et il n'y aura plus alors sur terre ni îles ni îlots qui me reconnaissent ; on dit communément qu'on peut tout perdre à trop remettre au lendemain et qu'on ne laisse pas échapper une vache qui vous a été donnée ; alors, que les barbes de ces dames me pardonnent, mais Saint-Pierre est fort bien à Rome ;

---

6. **Candaya** : royaume de Candaya supposé être entre l'île de Trapobana (en fait Taprobana = Ceylan) et la mer du sud, à 2 lieues du cap autrefois appelé Comorin (cf. chap. 38).
7. **dar la vuelta** = *faire le tour.* Cf. **la Vuelta** : *le tour* d'Espagne cycliste, mais **dar una vuelta** = *aller faire un tour.*

quiero decir, que bien me estoy en esta casa, donde tanta merced se me hace y de cuyo dueño tan gran bien espero como es verme gobernador.

A lo que el Duque dijo:

–Sancho amigo, la ínsula que yo os he prometido no es movible[1] ni fugitiva[2]: raíces tiene tan hondas, echadas en los abismos de la tierra, que no la arrancarán ni mudarán de donde está a tres tirones[3]; y pues vos sabéis que sé yo que no hay ningún género de oficio destos de mayor cantía[4] que no se granjee con alguna suerte de cohecho[5], cuál más, cuál menos, el que yo quiero llevar por este gobierno es que vais[6] con vuestro señor don Quijote a dar cima y cabo[7] a esta memorable aventura; que ahora volváis sobre Clavileño con la brevedad que su ligereza promete, ora la contraria fortuna os traiga y vuelva a pie, hecho romero[8], de mesón en mesón y de venta en venta, siempre que volviéredes[9] hallaréis vuestra ínsula donde la dejáis, y a vuestros insulanos con el mesmo deseo de recebiros por su gobernador que siempre han tenido, y mi voluntad será la mesma; y no pongáis duda en esta verdad, señor Sancho; que sería hacer notorio agravio al deseo que de serviros tengo.

–No más, señor -dijo Sancho-: yo soy un pobre escudero, y no puedo llevar a cuestas[10] tantas cortesías; suba[11] mi amo, tápenme[12] estos ojos, y encomiéndenme[13] a Dios, y avísenme[14] si cuando vamos[15] por esas altanerías podré encomendarme a Nuestro Señor, o invocar los ángeles, que me favorezcan.

---

1. **movible** = **móvil**.
2. **fugitivo** = *fugitif, éphémère*. Cf. **una estrella fugaz** = *une étoile filante*.
3. **un tirón** : *le fait de tirer* : **dar un fuerte tirón de oreja** est une manière de souhaiter bon anniversaire à quelqu'un.
4. **de mayor cantía** = **cuantía** : *d'importance, de valeur*.
5. **cohecho** : cf. **cohechar** = **sobornar**, **corromper con dádivas al juez**, etc. Aussi : **forzar**, **hacer violencia**.
6. **es que vais** = **es que vayais** : prés. subj.
7. **dar cima y cabo** = *mener à terme*. **Un cabo** = *un cap*.

je veux dire que je suis bien dans cette maison où l'on me dispense tant de bienfaits, et du maître de laquelle j'attends la faveur de me voir nommé gouverneur.

À ces propos, le Duc répondit :

– Sancho, mon ami, l'île que je vous ai promise ne peut ni bouger ni s'en aller : elle a des racines si profondément enfouies dans les entrailles de la terre qu'on ne saurait ni l'arracher ni la déplacer, s'y prendrait-on à trois fois. Vous savez comme moi qu'il n'y a pas d'emploi – ceux de haut niveau j'entends – qui ne soit obtenu sans qu'il faille se faire plus ou moins violence : ce que je vous demande en échange de votre gouvernement est d'accompagner votre maître don Quichotte et de mener à bonne fin cette aventure mémorable ; que vous reveniez sur Clavileño aussi rapidement que sa légèreté le promet ou que, par un revers de fortune, vous rentriez à pied, comme un pèlerin, de gîte en gîte et d'auberge en auberge, il vous suffira de revenir pour retrouver votre île où vous l'avez laissée, vos insulaires animés du même désir que précédemment de vous avoir pour gouverneur, et moi dans les mêmes dispositions. N'en doutez pas, Seigneur Sancho, vous m'offenseriez gravement dans le désir que j'ai de vous servir.

– N'allez pas plus loin, seigneur, répondit Sancho, je suis un pauvre écuyer et ne peux endosser tant de civilités ; que mon maître monte, que l'on me bande les yeux, que l'on me recommande à Dieu et que l'on me prévienne si, parvenu dans les hautes sphères, je peux me recommander à notre seigneur ou invoquer la protection des anges.

---

8. **un romero** = *un pèlerin* (celui qui allait à Rome).
9. **siempre que volviéredes** = **con tal que volviereis** (fut. subj.) : *pourvu que vous reveniez.*
10. **llevar a cuestas** : littér. *porter sur le dos.*
11. **suba** = **que suba** (**subir**).
12. **tápenme** = **que me tapen** (**tapar**).
13. **encomiéndenme** = **que me encomienden** (**encomender**).
14. **avísenme** = **que me avisen** (**avisar**).
15. **cuando vamos** = **cuando vayamos**.

A lo que respondió Trifaldi:

–Sancho, bien podéis encomendaros a Dios, o a quien quisiéredes[1]; que Malambruno, aunque es encantador, es cristiano, y hace sus encantamentos con mucha sagacidad y con mucho tiento, sin meterse[2] con nadie.

–Ea, pues -dijo Sancho-, Dios me ayude y la Santísima Trinidad de Gaeta.

–Desde la memorable aventura de los batanes[3] -dijo don Quijote-, nunca he visto a Sancho con tanto temor como ahora; y si yo fuera tan agorero como otros, su pusilanimidad me hiciera algunas cosquillas[4] en el ánimo. Pero llegaos[5] aquí Sancho; que con licencia destos señores os quiero hablar aparte dos palabras.

Y apartando a Sancho entre unos árboles del jardín y asiéndole ambas las manos, le dijo:

–Ya vees, Sancho hermano, el largo viaje que nos espera, y que sabe Dios cuándo volveremos dél, ni la comodidad y espacio que nos darán los negocios; y así querría que ahora te retirases en tu aposento, como que vas a buscar alguna cosa necesaria para el camino, y en un daca[6] las pajas te dieses[7], a buena cuenta[8] de los tres mil y trecientos azotes a que estás obligado, siquiera quinientos, que dados te los tendrás; que el comenzar[9] las cosas es tenerlas medio acabadas.

–Par Dios -dijo Sancho-, que vuestra merced debe de ser menguado[10]; esto es como aquello que dicen: «¡en priesa me vees[11], y doncellez[12] me demandas!»

---

1. **quisiéredes** = **quisiereis** fut. subj. traduit par fut. indic.
2. **meterse con** = *taquiner, chercher des histoires.*
3. **los batanes** = *moulins à foulon* (chap. 49). Terrifié par des coups répétés tout au long de la nuit, Sancho s'aperçoit, au matin, qu'il s'agit des six maillets à fouler l'étoffe ou le cuir.
4. **hiciera algunas cosquillas** : mod. **hacer cosquillas** = *chatouiller.*
5. **llegaos** : impér. 2e p. **de llegarse**. L'instant est grave et don Quichotte vouvoie Sancho.
6. **en un daca** : exprime la brièveté à faire qqch.

– Sancho, répondit alors la Trifaldi, vous pouvez parfaitement vous recommander à Dieu ou à qui vous voudrez ; Malambruno a beau être enchanteur, il est aussi chrétien et opère avec sagacité et tact sans chercher noise.

– Allons-y donc, dit Sancho, que Dieu me garde et la Sainte Trinité de Gaeta.

– Depuis la mémorable aventure des foulons, reprit don Quichotte, je n'ai jamais vu Sancho aussi effrayé qu'à présent ; et si, comme d'autres, je croyais aux augures, sa pusillanimité ébranlerait ma vaillance. Approchez-vous Sancho car, avec la permission de ces seigneurs, je voudrais vous dire deux mots en particulier.

Se mettant à l'écart, parmi les arbres du jardin, il saisit les deux mains de Sancho et lui dit :

– Sancho, mon frère, tu vois le long périple qui nous attend... Dieu sait quand nous reviendrons et si nos affaires nous laisseront temps et répit ; c'est pourquoi je voudrais que, sur l'heure, tu te retires dans ta chambre, comme si tu y allais chercher quelque chose d'utile pour le voyage et qu'en deux temps et trois mouvements tu te donnes quatre ou cinq cents coups de fouet à prendre sur les trois mille trois cents auxquels tu es tenu : ce sera toujours ça de fait car les choses commencées sont à moitié achevées.

– Par Dieu, vous n'y pensez pas Votre Grâce, dit Sancho ! C'est comme qui dirait « tu me vois enceinte et tu me voudrais vierge ! ».

---

7. **las pajas te dieses** : **darse las pajas** : allusion au chap. 35 où un prétendu Merlin a condamné Sancho à 3300 coups de fouet afin d'anéantir l'enchantement dont est victime Dulcinée. Sancho doit se les infliger lui-même.
8. **a buena cuenta** = *en acompte sur.*
9. **el comenzar** = **el** + inf. : *le fait de.*
10. **menguado** : ici, **falta de seso**.
11. **en priesa** = **empriesa** : **encinta**, **empreñada**.
12. **la doncellez** = **la virginidad** ; **una doncella** = *une jeune fille* et aussi **una criada** : *une servante.*

¿Ahora que tengo de ir sentado en una tabla rasa, quiere vuesa merced que me lastime las posas[1]? En verdad en verdad que no tiene vuesa merced razón. Vamos ahora a rapar estas dueñas; que a la vuelta, yo le prometo a vuesa merced, como quien soy, de darme tanta priesa[2] a salir de mi obligación, que vuesa merced se contente, y no le digo más. Y don Quijote respondió:

–Pues con esa promesa, buen Sancho, voy consolado, y creo que la cumplirás, porque, en efecto, aunque tonto, eres hombre verídico[3].

–No soy verde, sino moreno -dijo Sancho-; pero aunque fuera de mezcla, cumpliera mi palabra.

Y con esto se volvieron[4] a subir en Clavileño, y al subir, dijo don Quijote:

–Tapaos[5], Sancho, y subid, Sancho; que quien de tan lueñes[6] tierras envía por[7] nosotros no será para engañarnos, por la poca gloria que le puede redundar de engañar a quien dél se fía; y puesto que[8] todo sucediese al revés de lo que imagino, la gloria de haber emprendido esta hazaña no la podrá escurecer[9] malicia alguna.

–Vamos, señor -dijo Sancho-; que las barbas y lágrimas destas señoras las tengo clavadas en el corazón, y no comeré bocado que bien me sepa[10] hasta verlas en su primera lisura. Suba vuesa merced, y tápese primero; que si yo tengo de ir a las ancas, claro está que primero sube el de la silla.

–Así es la verdad -replicó don Quijote.

---

1. **las posas** = **las nalgas** = *les fesses*.
2. **darse priesa** = **darse prisa** : *se hâter de*.
3. **verídico** = *véridique*. Sancho croit qu'on le traite de **verdico**, de l'adj. **verde** : je traduis vert-de-gris pour jouer sur le son **i**.
4. **se volvieron a** = **volverse a** : *revenir vers*.

Maintenant que je dois rester assis sur une planche nue, vous voudriez que je m'écorche le derrière ? Ah non, vraiment non, Votre Grâce n'a plus sa raison ! Allons à présent raser ces dames et, au retour, je vous donne ma parole – et vous me connaissez – de m'acquitter si vite de mon obligation que vous en serez parfaitement satisfait. Voilà !
Don Quichotte répondit alors :
– Mon brave Sancho, par cette promesse je suis rassuré : je sais que tu la tiendras car tu es peut-être un peu sot, mais tu es véridique.
– Vert-de-gris, pas du tout, je suis brun, dit Sancho, mais même si j'étais de trente-six couleurs, je tiendrais parole.

Là-dessus ils s'en retournèrent et, au moment de monter sur Clavileño, don Quichotte s'exclama :
– Bandez-vous les yeux, Sancho et montez : celui qui de si loin nous envoie chercher ne le fait pas pour nous tromper car on tire peu de gloire à tromper qui a confiance en vous ; et si d'aventure les choses ne tournent pas comme je les attends, il faudra plus que de la malice pour ternir la gloire qui nous revient d'avoir entrepris cet exploit.
– Allons-y, seigneur, dit Sancho : les barbes et les larmes de ces dames, je les ai là, sur l'estomac et aucune bouchée ne passera bien tant qu'elles n'auront pas retrouvé leurs mentons lisses de toujours. Montez, Votre Grâce, et bandez-vous les yeux car si je dois monter en croupe, vous qui êtes en selle devez passer le premier, c'est logique.
– Tu as raison, dit don Quichotte.

---

5. **tapaos**, **subid** : imper. vouvoiement.
6. **lueñes** = **lejanas tierras**, **que están lejos**.
7. **enviar por**, **ir por** : **por** = *à la recherche de*. Ex. : **voy por agua** = *je vais chercher...*
8. **puesto que + subj.** = ici : *même si*. Généralement, **puesto que** + indic. = *étant donné que*.
9. **escurecer** = **oscurecer**.
10. **que me sepa** : prés. subj. de **saber**. S'agissant d'un mets, exprime la *saveur* (**el sabor**).

Y sacando un pañuelo de la faldriquera, pidió a la Dolorida que le cubriese muy bien los ojos; y habiéndoselos[1] cubierto, se volvió a descubrir y dijo:

–Si mal no me acuerdo, yo he leído en Virgilio aquello del[2] Paladión de Troya, que fue un caballo de madera que los griegos presentaron[3] a la diosa Palas, el cual iba preñado[4] de caballeros armados, que después fueron la total ruina de Troya; y así, será bien ver primero lo que Clavileño trae en su estómago.

–No hay para qué -dijo la Dolorida-; que yo le fío y sé que Malambruno no tiene nada de malicioso ni de traidor; vuesa merced, señor don Quijote, suba sin pavor alguno, y a mi daño[5] si alguno sucediere.

Parecióle a don Quijote que cualquiera cosa que replicase acerca de su seguridad sería poner en detrimento su valentía[6], y así, sin más altercar, subió sobre Clavileño, y le tentó[7] la clavija, que fácilmente se rodeaba[8]; y como no tenía estribos, y le colgaban las piernas, no parecía sino figura[9] de tapiz flamenco[10], pintada o tejida en algún romano triunfo. De mal talante y poco a poco llegó a subir Sancho, y acomodándose[11] lo mejor que pudo en las ancas, las halló algo duras[12] y no nada blandas, y pidió al Duque que, si fuese posible, le acomodase de algún cojín, o de alguna almohada, aunque fuese del estrado de su señora la Duquesa, o del lecho de algún paje; porque las ancas de aquel caballo más parecían de mármol que de leño.

---

1. **habiéndoselos** : **los** = **los ojos**.
2. **aquello de** = *l'histoire de* = **esto de, lo de, eso de**.
3. **presentar** = ici, **regalar** (**un presente** = **un regalo**).
4. **estar preñada** = **estar embarazada**.
5. **a mi daño** (sous-entendu **quede** ou **sea**) : **hacer daño** = *faire mal*.
6. **la valentía** = ici : **la fama de su valentía**.

Et, sortant un mouchoir de sa poche, il demanda à la Dolorida de lui couvrir soigneusement les yeux : c'était à peine fait qu'il ôta le mouchoir et dit :
– Je me souviens, si je ne me trompe pas, avoir lu dans Virgile l'histoire du palladium de Troie, un cheval de bois offert par les grecs à la déesse Pallas : son ventre était plein de soldats en armes qui furent, ensuite, la ruine de la ville. C'est pourquoi il faut commencer par regarder ce que Clavileño a dans l'estomac.
– Il n'y a aucune raison, dit la Dolorida, j'ai toute confiance en Malambruno qui n'a rien d'un coquin ou d'un traître, je le sais. Votre Grâce, seigneur don Quichotte, peut monter sans crainte, et si quelque mal devait vous être fait, c'est moi qui le paierais.

Don Quichotte eut le sentiment que toute réplique concernant sa sécurité se ferait au détriment de sa réputation de brave : aussi, sans poursuivre plus avant, il grimpa sur Clavileño et essaya la cheville qui tournait facilement ; ainsi, sans étriers, les jambes pendantes, il ressemblait vraiment à un personnage de tapisserie flamande, sur toile ou sur tissu, qui aurait représenté une victoire de Rome. D'assez mauvaise grâce et sans trop se presser, Sancho finit par monter ; il s'installa en croupe du mieux qu'il le put mais, la trouvant fort dure et pas du tout moelleuse, il demanda au Duc de lui faire apporter, si ce n'était pas trop demander, un coussin ou un oreiller, fût-il du salon de madame la Duchesse ou de la chambre de quelque page car la croupe de ce cheval-là semblait plutôt en marbre qu'en bois.

---

7. **tentar** = 2 sens : *tâter, tenter* (= **intentar**).
8. **rodear** = *faire tourner.*
9. **la figura** : 1er sens = *la silhouette.*
10. **tapiz flamenco** = *une tapisserie murale* (pl. **tapices**). **alfombra** = *un tapis au sol.*
11. **acomodarse** = **ponerse cómodo** : *s'installer, prendre ses aises.*
12. **duras** : contr. **blandas**.

A esto dijo la Trifaldi que ningún jaez ni ningún género de adorno sufría sobre sí Clavileño; que lo que podía hacer era ponerse a mujeriegas, y que así no sentiría tanto la dureza. Hízolo así Sancho, y, diciendo a Dios, se dejó vendar los ojos, y, ya después de vendados, se volvió a descubrir, y mirando a todos los del jardín tiernamente y con lágrimas, dijo que le ayudasen en aquel trance[1] con sendos[2] paternostres y sendas avemarías, porque Dios deparase[3] quien por ellos los dijese cuando en semejantes trances se viesen [...].

Cubriéronse, y sintiendo don Quijote que estaba como había de estar, tentó la clavija, y apenas hubo puesto los dedos en ella, cuando todas las dueñas y cuantos estaban presentes levantaron las voces, diciendo:

–¡Dios te guíe, valeroso caballero!

–¡Dios sea contigo, escudero intrépido!

–¡Ya, ya vais por esos aires, rompiéndolos con más velocidad que una saeta[4]!

---

1. **un trance** = *un moment critique, un mauvais pas.*
2. **sendos, sendas** : *chacun un, chacun une…*
3. **porque Dios deparase** : **para que** + imp. subj. de **deparar** : *procurer, offrir.*

La Trifaldi répondit que Clavileño ne tolérait sur lui ni harnais ni parure mais qu'on pouvait toujours monter en amazone ce qui limiterait la sensation de dureté.
Sancho le fit aussitôt. Puis il dit *adieu*, se laissa bander les yeux mais à peine étaient-ils couverts qu'il ôta son bandeau : alors, les larmes aux yeux, il regarda avec tendresse ceux qui étaient dans le jardin et leur demanda de l'aider, en ce moment critique, en récitant chacun un Pater et un Ave, afin que Dieu leur envoie quelqu'un qui en dirait pour eux le jour où ils se trouveraient dans une telle extrémité.
[...]

On leur banda les yeux et quand don Quichotte sentit qu'il était comme il devait l'être, il manœuvra la cheville : à peine y avait-il porté les doigts que les duègnes et toute l'assistance se mirent à s'exclamer :
– Dieu te guide, vaillant chevalier !
– Dieu soit avec toi, écuyer intrépide !
– Ça y est, vous voilà dans les airs que vous fendez plus vite qu'une flèche !

---

4. **una saeta** = *une flèche*. Au XIIe s. et jusqu'à Charles Quint (XVIe s.) on exécutait près de Ciudad Real les voleurs et bandits de grands chemins en les transperçant de flèches. Charles V ordonna de leur donner préalablement la mort.

–¡Ya comenzáis a suspender[1] y admirar a cuantos[2] desde la tierra os están mirando!

–¡Tente, valeroso Sancho, que te bamboleas! ¡Mira no cayas[3]; que será peor tu caída que la del atrevido mozo que quiso regir el carro del Sol, su padre!

Oyó Sancho las voces, y apretándose con su amo y ciñiéndole con los brazos, le dijo:

–Señor, ¿cómo dicen éstos que vamos tan altos, si alcanzan acá sus voces, y no parecen sino que están aquí hablando, junto a nosotros?

–No repares[4] en eso, Sancho; que como estas cosas y estas volaterías van fuera de los cursos ordinarios, de mil leguas verás y oirás lo que quisieres. Y no me aprietes tanto, que me derribas; y en verdad que no sé de qué te turbas ni te espantas; que osaré jurar que en todos los días de mi vida he subido en cabalgadura de paso más llano[5]: no parece sino que no nos movemos de un lugar. Destierra, amigo, el miedo; que, en efecto, la cosa va como ha de ir, y el viento llevamos en popa.

–Así es la verdad -respondió Sancho-; que por este lado me da un viento[6] tan recio, que parece que con mil fuelles me están soplando.

Y así era ello; que unos grandes fuelles le estaban haciendo aire: tan bien trazada estaba la tal aventura por el Duque y la Duquesa y su mayordomo, que no le faltó requisito[7] que la dejase de hacer perfecta.

Sintiéndose, pues, soplar, don Quijote, dijo:

–Sin duda alguna, Sancho, que ya debemos de llegar a la segunda región del aire, adonde se engendra el granizo o las nieves;

---

1. **suspender** = *causer de l'admiration.*
2. **cuantos** : **todos los que**.
3. **mira no cayas** = **no caigas**, prés. subj. **Caer**.
4. **no repares** : v. **reparar** au sens de *prendre garde, prêter attention*, quand intransitif.
5. **paso llano** = **sin altos ni bajos**, **igual**.

– Tous ceux qui de la terre vous regardent, sont tout à leur étonnement et leur admiration !
– Tiens-toi bien, valeureux Sancho, tu ne fais que bouger ! Prends garde à ne pas tomber car ta chute serait pire que celle de l'audacieux jeune homme qui voulut conduire le char du Soleil, son père !

Entendant ces cris, Sancho se serra contre son maître et, l'entourant de ses bras, lui dit :
– Seigneur, comment ces gens peuvent-ils dire que nous volons si haut ? Nous entendons leurs voix et on dirait qu'ils sont ici, qu'ils parlent près de nous.
– Laisse cela, Sancho : comme tout cela, toutes ces envolées suivent des cours hors du commun, de mille lieues tu peux voir et entendre des choses à ta guise. Et ne me serre pas tant, tu me fais tomber ; en vérité je ne sais pas ce qui te perturbe et t'effraie : je dirais bien, si j'osais, que jamais de ma vie je n'ai chevauché une monture au pas plus régulier : on dirait presque qu'on est immobiles. Allez, mon ami, chasse donc cette peur : les choses se passent comme prévu et nous avons le vent en poupe.
– Ça c'est bien vrai, répondit Sancho. Je sens, de côté, un air si violent qu'on dirait bien qu'il y a mille soufflets en train de m'éventer.

Et c'était bien le cas, d'énormes soufflets projetaient de l'air sur lui ! Le Duc, La Duchesse et leur majordome avaient si bien conçu l'aventure en question que toutes les conditions étaient remplies pour qu'elle fût parfaite.

Sentant le souffle sur lui, don Quichotte dit :
– Il ne fait pas de doute, Sancho, que nous atteignons maintenant la seconde région des airs, où naissent la grêle et la neige.

---

6. **me da un viento**, **me da un aire** = *je sens un air*, *je sens le vent*. Construction habituelle où la personne subit l'action.
7. **no le faltó requisito que**... = **no hubo requisto cuya falta la dejase de hacer perfecta** (**falta** au sens d'*absence*).

los truenos, los relámpagos y los rayos se engendran en la tercera región; y si es que desta manera vamos subiendo, presto daremos en la región del fuego, y no sé yo cómo templar esta clavija para que no subamos donde nos abrasemos[1].

En esto, con unas estopas ligeras de encenderse y apagarse desde lejos, pendientes de una caña, les calentaban los rostros. Sancho, que sintió el calor, dijo:

–Que me maten si no estamos ya en el lugar del fuego, o bien cerca; porque una gran parte de mi barba se me ha chamuscado[2], y estoy, señor, por[3] descubrirme y ver en qué parte estamos.

–No hagas tal[4] -respondió don Quijote- y acuérdate del verdadero cuento[5] del licenciado Torralba[6], a quien llevaron los diablos en volandas por el aire, caballero en una caña, cerrados los ojos, y en doce horas llegó a Roma, y se apeó en Torre de Nona, que es una calle de la ciudad, y vio todo el fracaso y asalto[7] y muerte de Borbón, y por la mañana ya estaba de vuelta[8] en Madrid, donde dio cuenta[9] de todo lo que había visto; el cual asimismo dijo que cuando iba por el aire le mandó el diablo que abriese los ojos, y los abrió y se vio tan cerca, a su parecer, del cuerpo de la luna, que la pudiera asir con la mano, y que no osó mirar a la tierra, por no desvanecerse. Así que, Sancho, no hay para qué descubrirnos; que el que[10] nos lleva a cargo, él dará cuenta de nosotros; y quizá vamos tomando puntas[11] y subiendo en alto, para dejarnos caer de una[12] sobre el reino de Candaya, como hace el sacre[13] o neblí[14] sobre la garza para cogerla, por más que se remonte[15];

---

1. **donde nos abrasemos** : subj. de **abrasar** = *où nous pourrions nous brûler.*
2. **se me ha chamuscado** = **se ha chamuscado** : le pron. **me** renforce la valeur affective. Ex. **se me ha roto el cordón del zapato**. On traduira par : *mon lacet de soulier s'est cassé.*
3. **estoy por** = **estar por** = *être tenté de.*
4. **no hagas tal** : sous-entendu **cosa**.
5. **cuento** = **relato**, **historia**.
6. **el licenciado Torralba** dont les aventures diaboliques couraient sur toutes les lèvres.
7. **fracaso y asalto** = il s'agit du sac de Rome, en 1527, par les troupes de l'empereur Charles Quint, opposé à une coalition de François Ier, du pape Clément VII et du duc de Milan.

le tonnerre, les éclairs et la foudre proviennent, eux, de la troisième région, et si nous poursuivons ainsi notre ascension, nous atteindrons bientôt la région du feu ; mais je ne sais pas comment régler cette cheville pour éviter de monter là où nous risquons de nous brûler.

Au même moment, avec des mèches d'étoupe faciles à allumer et à éteindre et fixées sur des perches en roseau, on se mit à leur chauffer le visage. En sentant la chaleur, Sancho s'écria :

– Je veux bien être pendu si nous ne sommes pas dans la zone du feu ou tout à côté, car ma barbe sent le roussi, et je suis, seigneur, à deux doigts d'ôter mon bandeau et de regarder où nous sommes.

Ce à quoi don Quichotte répondit :

– N'en fais rien et souviens-toi de l'histoire véridique du licencié Torralba que les diables avaient emporté, volant par les airs, les yeux fermés, à cheval sur un balai : en douze heures il parvenait à Rome, mettait pied à terre à Torre de Nova, une rue de la ville, voyait la ville attaquée et défaite, la mort du Connétable de Bourbon et, le lendemain matin, était de retour à Madrid où il témoignait de ce qu'il avait vu. Il raconta encore que, pendant qu'il était dans les airs, le diable lui donna l'ordre d'ouvrir les yeux : il les ouvrit et se trouva si près du corps de la lune qu'il eut l'impression de pouvoir la saisir de la main mais il n'osa pas regarder vers la terre de peur d'avoir le vertige. Tu vois, Sancho, nous n'avons aucune raison d'ôter nos bandeaux : celui qui nous prend en charge est responsable de nous et peut-être tournoyons-nous et montons-nous dans les airs pour fondre, d'un coup, sur le royaume de Candaya comme le font le sacret ou le faucon pour attraper le héron sans lui laisser la moindre chance ;

---

8. **estar de vuelta** = *être de retour* ; **la ida y la vuelta** = *l'aller-retour.*
9. **dar cuenta de** = *rendre compte.*
10. **el que** : fém. = **la que** (article traduit par le pron. *celui, celle qui*).
11. **tomar puntas** = **dar o coger puntas** : pour un oiseau de proie, *voler en tous sens, zigzaguer.*
12. **de una** = *d'un coup.*
13. **el sacre** = *variété de faucon.*
14. **el neblí** : pl. **neblíes** = **el halcón** = *le faucon.*
15. **por más que se remonte** = **aunque se remonte**. **Remontarse** : pour une proie pourchassée : *chercher un refuge, se cacher.* Littéralement : même s'il se cache, même s'il prend de la hauteur : la traduction rend compte de ces deux acceptions.

y aunque nos parece que no ha media[1] hora que nos partimos del jardín, créeme que debemos de haber hecho gran camino.

–No sé lo que es -respondió Sancho Panza-; sólo sé decir que si la señora Magallanes[2], o Magalona[3], se contentó destas ancas, que no debía de ser muy tierna de carnes.

Todas estas pláticas de los dos valientes oían el Duque y la Duquesa y los del jarín[4], de que recibían extraordinario contento; y queriendo dar remate a la extraña y bien fabricada aventura, por la cola de Clavileño le pegaron fuego con unas estopas, y al punto, por estar el caballo lleno de cohetes tronadores, voló por los aires, con extraño ruido, y dio con don Quijote y con Sancho Panza en el suelo[5], medio chamuscados.

En este tiempo ya se habían desparecido del jardín todo el barbado escuadrón[6] de las dueñas, y la Trifaldi y todo, y los del jardín quedaron como desmayados, tendidos por el suelo. Don Quijote y Sancho se levantaron maltrechos, y mirando a todas partes quedaron atónitos de verse en el mesmo jardín de donde habían partido, y de ver tendido por tierra tanto número de gente; y creció más su admiración cuando a un lado del jardín vieron hincada una gran lanza en el suelo y pendiente della y de dos cordones de seda verde un pergamino liso y blanco, en el cual con grandes letras de oro estaba escrito lo siguiente:

«El ínclito caballero don Quijote de la Mancha feneció y acabó la aventura de la Condesa Trifaldi, por otro nombre llamada la dueña Dolorida, y compañía, con sólo[7] intentarla.

---

1. **ha media hora** : arch. auxiliaire **haber**. Auj. **hace media hora**.
2. **Magallanes** = *Magellan*.
3. **Magalona**, la belle *Maguelonne*, épouse de Pierre de Provence, roi de Naples.
4. **jarín** : lire **jardín**.

et même si nous avons l'impression de n'être partis du jardin que depuis une demi-heure, nous avons dû faire du chemin, crois-moi.
– Je n'en sais rien, répondit Sancho, mais ce qui est sûr, c'est que si dame Magallanes, ou Magalona, s'est trouvée bien sur cette croupe, c'est qu'elle ne devait pas avoir la peau trop tendre !

Dans le jardin, le Duc, la Duchesse et tous les autres écoutaient les propos de nos deux héros et s'en amusaient prodigieusement ; et, pour couronner cette aventure étrange et si bien préparée, à l'aide de mèches, ils mirent le feu à la queue du cheval, lequel, bourré de fusées et de pétards, explosa aussitôt dans un bruit terrible, tandis que don Quichotte et Sancho étaient précipités au sol, à demi roussis.

Peu auparavant, l'escadron barbu des duègnes avait quitté le jardin mais la Trifaldi et les autres gisaient à terre, comme évanouis. Don Quichotte et Sancho se relevèrent en piteux état et furent abasourdis de se retrouver dans le jardin d'où ils étaient partis et de voir tant de personnes à terre ; mais leur stupéfaction redoubla quand ils découvrirent, dans un coin du jardin, une grande lance fichée en terre et, accroché par deux cordons de soie verte, un parchemin blanc d'où se détachaient, sur fond lisse, de grandes lettres d'or qui disaient :
« Par le seul fait qu'il l'a osée, l'insigne chevalier don Quichotte de la Manche a mis un terme et un point final à l'aventure de la Comtesse Trifaldi, connue aussi sous le nom de la Duègne Dolorida, et des autres dames.

---

5. **dar con... en el suelo** = *précipiter à terre.*
6. **el barbado escuadrón** : on se souvient que les duègnes se sont vu affliger d'une longue barbe.
7. **con sólo + inf.** = *par le fait que, du seul fait que.*

Malambruno se da por contento y satisfecho a toda su voluntad, y las barbas de las dueñas ya quedan lisas y mondas, y los reyes don Clavijo y Antonomasia, en su prístino estado. Y cuando se cumpliere el escuderil[1] vápulo, la blanca paloma[2] se verá libre de los pestíferos girifaltes que la persiguen, y en brazos de su querido arrullador[3]; que así está ordenado por el sabio Merlín, protoencantador de los encantadores ».

---

1. **escuderil** : adj. Cf. **escudero** : allusion aux coups de fouet que doit s'infliger Sancho.
2. **blanca paloma** = la princesse Antonomasia changée en statue de bronze par Malambruno : cf. note 2, p. 120.

Malambruno considère sa volonté pleinement exécutée : les duègnes ont recouvré leur menton lisse et vierge de tout poil et le roi don Clavijo et la reine Antonomasia ont été rétablis dans leur état premier. Et dès que l'écuyer se sera donné le fouet, la blanche colombe se verra délivrée des gerfauts pesteux qui la persécutent et retrouvera les bras de son tourtereau chéri. Ainsi l'ordonne le sage Merlin, parangon de tous les enchanteurs ».

---

3. **arrullador** : adj. = *roucoulant.*

Neuvième extrait

Deuxième partie – Chapitre 45

De cómo el gran Sancho Panza tomó la posesión de su ínsula, y del modo que comenzó a gobernar.

Comment le grand Sancho Panza prit possession de son île et fit ses débuts de gouverneur.

Le Duc, se rendant compte de la promesse faite par don Quichote à son écuyer, a octroyé une terre à Sancho qui en devient le gouverneur.

[...] Digo, pues, que con todo su acompañamiento llegó Sancho a un lugar de hasta mil vecinos[1], que era de los mejores que el Duque tenía. Diéronle a entender que se llamaba la ínsula Barataria[2], o ya porque el lugar se llamaba Baratario, o ya por el barato con que se le había dado el gobierno. Al llegar a las puertas de la villa, que era cercada[3], salió el regimiento[4] del pueblo a recebirle; tocaron las campanas, y todos los vecinos dieron muestras de general alegría, y con mucha pompa le llevaron a la iglesia mayor a dar gracias a Dios, y luego con algunas ridículas ceremonias le entregaron las llaves del pueblo y le admitieron por perpetuo gobernador de la ínsula Barataria. El traje, las barbas, la gordura y pequeñez[5] del nuevo gobernador tenía admirada a toda la gente que el busilis[6] del cuento no sabía, y aún a todos los que lo sabían, que eran muchos. Finalmente, en sacándole[7] de la iglesia le llevaron a la silla[8] del juzgado y le sentaron en ella, y el mayordomo del Duque le dijo:

---

1. **vecinos** = **habitantes**.
2. **ínsula Barataria** : on a beaucoup conjecturé sur ce mot. **barato** : adj. = *bon marché, peu coûteux*. Pourrait être traduit par *l'île des clopinettes, des nèfles*. **El barato** : subst. = *vente au rabais*.
3. **cercada** : v. **cercar** = *clôturer*. Cf. **un cerco** = *un siège*. **Levantar un cerco** (cf. **el Cerco de Numancia**).
4. **el regimiento** = **los regidores** = *le conseil municipal*.

[...] Accompagné de sa suite, Sancho parvint donc, disais-je, à une bourgade d'un millier d'habitants, l'une des plus riches des possessions du Duc. On lui apprit qu'il s'agissait de l'île Barataria, nom qui venait peut-être de ce que l'endroit s'appelait Baratorio, ou peut-être qu'on ait voulu dire que c'était un gouvernement au rabais qu'il avait là. Quand il arriva aux portes de la ville, enclose dans ses murs, le Conseil au complet sortit pour l'accueillir ; tandis que les cloches se mettaient à sonner, et que la population manifestait sa joie, dans l'allégresse générale, il fut conduit en grande pompe à l'église pour rendre grâce à Dieu. Ensuite, on lui remit les clés, au cours de cérémonies burlesques et on le déclara gouverneur à perpétuité de l'île Barataria. Ceux qui ignoraient tout de la récente plaisanterie et même ceux qui, nombreux, la connaissaient, étaient stupéfaits du costume, de la barbe, des rondeurs et de la petite taille du nouveau gouverneur. Enfin, dès sa sortie de l'église, il fut conduit au siège du tribunal, et installé ; le majordome du Duc lui dit alors :

---

5. **pequeñez** : subst. *petite taille*. On dit auj. = **ser bajo**, **ser bajito** (contr. **alto**).
6. **el buzilis** : viendrait de l'expression latine « in diebus illis » prononcée par un ignorant qui la déforma et donna matière à rire = *la plaisanterie* (cf. l'anecdote de Clavileño dans le huitième extrait).
7. **en sacándole** : **en** + gérondif = *dès que, à peine*.
8. **la silla** = *la chaise* mais aussi *le siège d'une instance* (auj. la sede).

–Es costumbre antigua en esta ínsula, señor gobernador, que el que viene a tomar posesión desta famosa ínsula está obligado a responder a una pregunta que se le hiciere, que sea algo intricada[1] y dificultosa; de cuya respuesta el pueblo toma y toca el pulso[2] del ingenio de su nuevo gobernador, y así, o se alegra o se entristece con su venida.

En tanto que el mayordomo decía esto a Sancho, estaba él mirando unas grandes y muchas letras que en la pared frontera[3] de su silla estaban escritas; y como él no sabía leer, preguntó que qué eran aquellas pinturas que en aquella pared estaban. Fuele respondido:

–Señor, allí está escrito y notado el día en que vueseñoría tomó posesión desta ínsula, y dice el epitafio: «Hoy día, a tantos[4] de tal mes y de tal año, tomó la posesión desta ínsula el señor don Sancho Panza, que muchos años la goce.»

–Y ¿a quién llaman don Sancho Panza? -preguntó Sancho.

–A vueseñoría[5] -respondió el mayordomo-; que en esta ínsula no ha entrado otro Panza sino el que está sentado en esa silla.

–Pues advertid[6], hermano -dijo Sancho-, que yo no tengo don[7], ni en todo mi linaje[8] le ha habido: Sancho Panza me llaman a secas[9], y Sancho se llamó mi padre, y Sancho mi agüelo[10], y todos fueron Panzas, sin añadiduras de dones[11] ni donas; y yo imagino que en esta ínsula debe haber más dones que piedras[12];

---

1. **intricada** = **intrincada** = *embrouillée, confuse.*
2. **tomar el pulso** = *prendre le pouls.*
3. **la pared frontera** = **la pared de enfrente** = *le mur d'en face.*
4. **a tantos** : sous-entendu **días**
5. **vueseñoría** = *votre seigneurie*, formule de politesse comparable à **vuestra merced**.
6. **advertid** : v. **advertir** = impér. 2ᵉ p. pl. : forme normale du vouvoiement de l'époque.

– Dans notre île, monsieur le gouverneur, c'est une vieille coutume que de poser, à celui qui vient de prendre possession de ce lieu illustre, une question particulièrement complexe et délicate. C'est à la réponse que le peuple juge et jauge l'esprit de son nouveau gouverneur et, donc, se réjouit ou s'attriste de sa venue.

Tandis que le majordome parlait, Sancho regardait, tracées sur le mur qui lui faisait face, des lettres grandes et nombreuses ; mais comme il ne savait pas lire, il demanda ce qu'étaient ces peintures là-bas sur le mur. Il lui fut répondu :

– C'est là, Seigneur, qu'est inscrit et noté le jour où Votre Seigneurie a pris possession de cette île ; on lit sur l'épitaphe : « En ce jour, le tant de tel mois de telle année, le seigneur don Sancho Panza a pris possession de cette île : puisse-t-il en jouir de nombreuses années ».

– Et qui est-ce que vous appelez don Sancho Panza ? demanda Sancho.

– C'est Votre Seigneurie, répondit le majordome. Aucun autre Panza que celui qui est assis sur ce siège n'est entré dans cette île.

– Sachez bien, mon ami, que je ne suis pas *don* et que, dans mes ascendants, il n'y en a jamais eu. Je suis Sancho Panza tout court, et mon père était Sancho et mon grand-père aussi et tous étaient Panza, sans rallonge de *dones* ou de *donas* ; mais j'imagine bien que dans cette île, les *dones* fleurissent à tire-larigot ;

---

7. **don** : pl. dones. **donas** : sing. **dona**. Se rappeler le dialogue entre Sancho et Teresa au chap. 5 de la 2e partie.
8. **el linaje** = *la lignée, le lignage.*
9. **a secas** = *tout court* (**seco** = sec).
10. **agüelo** = **abuelo**.
11. **dones** = dès la 2e moitié du XVIe s., il suffisait de s'habiller comme un hidalgo pour se donner du « **don** ». Il en était de même pour les femmes ordinaires qui voulaient se donner l'air de...
12. **más dones que piedras** : m. à m. : plus de dones que de pierres.

pero basta: Dios me entiende, y podrá ser que si el gobierno me dura cuatro días, yo escardaré estos dones, que, por la muchedumbre, deben de enfadar como los mosquitos. Pase adelante con su pregunta el señor mayordomo; que yo responderé lo mejor que supiere, ora se entristezca o no se entristezca el pueblo.

A este instante entraron en el juzgado dos hombres, el uno vestido de labrador y el otro de sastre, porque traía unas tijeras en la mano, y el sastre dijo:

–Señor gobernador, yo y este hombre[1] labrador venimos ante vuesa merced en razón que este buen hombre llegó a mi tienda ayer (que yo, con perdón[2] de los presentes, soy sastre examinado[3], que Dios sea bendito), y poniéndome un pedazo de paño en las manos, me preguntó: «Señor, ¿habría en esto paño[4] harto[5] para hacerme una caperuza[6]?» Yo, tanteando el paño, le respondí que sí; él debióse de imaginar, a lo que yo imagino, e imaginé bien, que sin duda yo le quería hurtar alguna parte del paño, fundándose en su malicia y en la mala opinión[7] de los sastres, y replicóme que mirase si habría para dos; adivinéle el pensamiento y díjele que sí; y él, caballero[8] en su dañada y primera intención, fue añadiendo[9] caperuzas, y yo añadiendo síes[10], hasta que llegamos a cinco caperuzas; y ahora en este punto acaba de venir por ellas; yo se las doy, y no me quiere pagar la hechura; antes me pide que le pague o vuelva su paño.

---

1. **yo y este hombre** = cette manière d'antéposer le « **yo** » qui pourrait faire dire auj. « **el borriquito por delante** » – l'âne passe en premier – était admise dans tous les milieux à l'époque de Cervantes.
2. **con perdón de** : formule devenue courante, même pour les situations les plus anodines.
3. **sastre examinado** = *dont les qualités sont reconnues.* Auj. **examinarse** = *passer un examen.*
4. **esto paño** : lire **este paño**.
5. **paño harto** = *assez de.*

alors, suffit : Dieu me comprend et, si mon gouvernement dure quelques jours, il se peut que j'élague tous ces *dones* qui, par leur nombre, doivent être aussi agaçants que les moustiques. Poursuivez avec vos questions, monsieur le majordome : j'y répondrai du mieux que je saurai, que le peuple s'attriste ou non.

À cet instant, deux hommes pénétrèrent dans la salle d'audience, l'un vêtu comme un paysan et l'autre apparemment tailleur puisqu'il tenait à la main une paire de ciseaux ; le tailleur dit :

– Monsieur le gouverneur, moi et ce paysan nous présentons devant vous pour la bonne raison que ce brave homme est venu hier dans ma boutique (sauf votre respect, je suis tailleur de profession, Dieu soit loué), qu'il m'a mis entre les mains un morceau de drap et m'a posé la question suivante : « Y aurait-il assez de tissu, seigneur, pour me faire un chaperon ? » Je mesure la pièce et lui réponds que oui ; étant lui-même fort rusé et les tailleurs fort mal famés, il a dû s'imaginer, à ce que j'imagine – et je ne me suis pas trompé –, que je voulais, bien sûr, lui voler une partie du tissu ; il me demande donc de regarder s'il y en aurait pour deux ; je perce sa pensée et je réponds que oui ; et lui, persistant dans sa première et méchante pensée, d'ajouter chaperon sur chaperon tandis que je réponds toujours oui jusqu'à cinq chaperons : tout à l'heure, il est venu les chercher ; je les lui donne et il refuse d'en payer la façon ; bien plus, il exige que je lui paie ou lui rende son tissu.

---

6. **una caperuza** = *un chaperon*, sorte de bonnet. Cf. **Caperucita roja** = *le petit chaperon rouge*.
7. **la mala opinión** : *la renommée* des tailleurs – **persona non sancta** – était très mauvaise dans l'opinion publique.
8. **caballero en** = *celui qui chevauche*. Ici, *enfourcher une idée*.
9. **fue añadiendo** : **ir** + gérondif : action qui se fait progressivement = et lui peu à peu d'ajouter…
10. **síes** : pl. de **sí** = *les oui*.

–¿Es todo esto así, hermano? -preguntó Sancho.

–Sí, señor -respondió el hombre-; pero hágale vuesa merced que muestre las cinco caperuzas que me ha hecho.

–De buena gana -respondió el sastre.

Y sacando en continente[1] la mano debajo del herreruelo, mostró en ella cinco caperuzas puestas en las cinco cabezas de los dedos de la mano, y dijo:

–He aquí las cinco caperuzas que este buen hombre me pide, y en Dios y en mi conciencia que no me ha quedado nada del paño, y yo daré la obra a vista de veedores[2] del oficio.

Todos los presentes se rieron de la multitud de las caperuzas y del nuevo pleito. Sancho se puso a considerar un poco, y dijo:

–Paréceme que en este pleito no ha de haber largas dilaciones, sino juzgar luego a juicio de buen varón; y así, yo doy por sentencia que el sastre pierda las hechuras, y el labrador el paño, y las caperuzas se lleven a los presos[3] de la cárcel, y no haya más.

Si la sentencia pasada de la bolsa del ganadero[4] movió a admiración a los circunstantes, ésta les provocó a risa; pero, en fin, se hizo lo que mandó el gobernador; ante el cual[5] se presentaron dos hombres ancianos; el uno traía una cañaheja[6] por báculo, y el sin báculo dijo:

–Señor, a este buen hombre le presté días ha diez escudos de oro en oro, por hacerle placer y buena obra, con condición que me los volviese cuando se los pidiese;

---

1. **en continente** = *sur le champ, aussitôt.*
2. **a vista de veedores** = les artisans se soumettaient à l'expertise, au jugement de l'autorité compétente.
3. **presos** : il était fréquent que toutes sortes de produits saisis, de piètre qualité et inopérants, soient destinés aux prisonniers.

– Est-ce que c'est exact, mon ami ? demanda Sancho.
– Tout à fait, seigneur, répondit le paysan ; mais que Votre Grâce se fasse monter les cinq chaperons qu'il a confectionnés.
– Bien volontiers, répondit le tailleur. Et sortant sa main de sous sa cape, il montre les cinq chaperons enfilés sur les cinq doigts de sa main et dit :
– Voici les cinq chaperons que ce brave homme m'a commandés et je peux vous dire, en mon âme et conscience, qu'il ne reste rien du tissu et je soumettrai mon travail aux autorités de ma profession.

Dans la salle, on s'amusa beaucoup du nombre de chaperons et de ce procès d'un nouveau genre. Sancho réfléchit puis s'exprima :
– Ce procès ne demande pas, me semble-t-il, qu'on y passe longtemps mais doit être jugé sans tarder, avec le bon sens d'un honnête homme. Voici ma sentence : le tailleur perdra sa façon et le paysan sa pièce de drap. Quant aux chaperons, qu'on les porte aux détenus de la prison. Voilà.

Si la sentence prononcée à propos de la bourse du marchand de bétail avait impressionné l'assistance, celle-ci les fit bien rire, mais on exécuta les ordres du gouverneur. C'est alors que se présentèrent deux hommes d'un certain âge : tandis que l'un s'appuyait sur une racine de férule en guise de bâton, l'autre, sans bâton, prit la parole :
– Seigneur, il y a quelques jours, j'ai prêté à ce brave homme dix écus d'or en bon or, pour lui être agréable et faire une bonne œuvre, à la condition qu'il me les rende le jour où je les lui demanderais ;

---

4. **la bolsa del ganadero** : erreur de Cervantes = cet épisode ne viendra que plus tard.
5. **ante el cual** = *devant* (**ante** + abstraction en général : ex. **ante la muerte**).
6. **cañaheja** = *férule*, plante herbacée aux racines énormes.

pasáronse muchos días sin pedírselos, por no ponerle en mayor necesidad, de volvérmelos[1], que la que él tenía cuando yo se los presté; pero, por parecerme que se descuidaba en la paga, se los he pedido una y muchas veces, y no solamente no me los vuelve, pero me los niega y dice que nunca tales diez escudos le presté, y que si se los presté, que ya me los ha vuelto. Yo no tengo testigos ni del prestado, ni de la vuelta, porque no me los ha vuelto; querría[2] que vuesa merced le tomase juramento, y si jurare que me los ha vuelto, yo se los perdono[3] para aquí y para delante de Dios.

–¿Qué decís vos a esto, buen viejo del báculo? -dijo Sancho.

A lo que dijo el viejo:

–Yo, señor, confieso[4] que me los prestó, y baje vuesa merced esa vara; y, pues él lo deja en mi juramento, yo juraré cómo se los he vuelto y pagado real y verdaderamente.

Bajó el gobernador la vara[5], y en tanto, el viejo del báculo dio el báculo al otro viejo, que se le tuviese[6] en tanto que[7] juraba, como si le embarazara[8] mucho, y luego puso la mano en la cruz de la vara, diciendo que era verdad que se le habían prestado aquellos diez escudos que se le pedían; pero que él se los había vuelto de su mano a la suya, y que por no caer en ello[9] se los volvía a pedir por momentos.

---

1. **de volvérmelos** = **en caso de**... = *quand il, au moment où il...*
2. **querría** = condit. de **querer**. L'espagnol mod. dira = **quisiera que**.
3. **perdonar** = *pardonner*, mais aussi *renoncer à.*
4. **confesar** = *confesser, avouer, reconnaître.*
5. **baje... esa vara** = c'est sur cette baguette – symbole de l'autorité – dont l'extrémité est en forme de croix que l'on prêtait serment. Sancho se trouvant en contre-haut du public, le paysan lui demande d'incliner la baguette.

pour ne pas accroître, en me les rendant, les difficultés dans lesquelles il se trouvait au moment du prêt, j'ai laissé passer quelques temps sans rien lui demander ; mais comme je le trouvais peu soucieux de s'acquitter de sa dette, je les lui ai demandés et redemandés ; et non seulement il ne me les rend pas, mais il en nie l'existence et affirme que je ne lui ai jamais prêté les fameux dix écus ou bien que si je les lui ai prêtés, il me les a déjà rendus. Je n'ai aucun témoin, ni du prêt, ni de la restitution car il ne me les a jamais restitués. Je voudrais que Votre Grâce le fasse jurer sous serment : si d'aventure il jure qu'il me les a rendus, alors je lui en fais grâce dans ce monde et dans l'autre.

– Alors, brave vieillard au bâton, que pensez-vous de cela ? demanda Sancho.

Ce à quoi le vieux répondit :

– Je reconnais, Seigneur, qu'il me les a prêtés. Veuillez incliner, Monsieur le gouverneur, votre baguette ; et puisque cet homme s'en remet à mon serment, je vais jurer, en toute vérité, comment je les lui ai réellement rendus.

Le gouverneur inclina sa baguette cependant que le vieux confiait son bâton à l'autre vieillard, afin qu'il le gardât le temps du serment, comme s'il en était embarrassé ; ensuite, il posa la main sur la partie cruciforme de la baguette et déclara qu'il était exact que ces dix écus qu'on lui réclamait aujourd'hui lui avaient bien été prêtés ; que, lui, les avait rendus de la main à la main et comme l'autre ne semblait pas s'en souvenir, de temps en temps il les lui redemandait.

---

6. **que se la tuviese** = **para que se la tuviese**.
7. **en tanto**, **en tanto que** = *pendant*, *pendant que*.
8. **como si le embaraza** ; **embarazar** = **molestar** : *gêner*. Mod. **estar embarazada** = *être enceinte*.
9. **por no caer en ello** = **por** : idée de cause (parce qu'il...), **caer en** = *saisir*, *s'apercevoir*.

Viendo lo cual el gran gobernador, preguntó al acreedor[1] qué respondía a lo que decía su contrario[2], y dijo que sin duda alguna su deudor debía de decir verdad, porque le tenía por hombre de bien y buen cristiano, y que a él se le debía de haber olvidado el cómo y cuándo se los había vuelto, y que desde allí en adelante[3] jamás le pidiría[4] nada. Tornó a tomar su báculo el deudor, y, bajando la cabeza, se salió del juzgado; visto lo cual Sancho[5], y que sin más ni más[6] se iba, y viendo también la paciencia del demandante[7], inclinó la cabeza sobre el pecho, y poniéndose el índice de la mano derecha sobre las cejas y las narices, estuvo como pensativo un pequeño espacio, y luego alzó la cabeza y mandó que le llamasen al viejo del báculo, que ya se había ido. Trujéronsele[8], y en viéndole Sancho, le dijo:

–Dadme, buen hombre, ese báculo[9], que le he menester.

–De muy buena gana -respondió el viejo-: hele aquí, señor.

Y púsosele en la mano. Tomóle Sancho, y dándosele al otro viejo, le dijo:

–Andad con Dios, que ya vais pagado.

–¿Yo, señor? -respondió el viejo-. Pues ¿vale esta cañaheja diez escudos de oro?

–Sí -dijo el gobernador-; o si no, yo soy el mayor porro[10] del mundo. Y ahora se verá si tengo yo caletre[11] para gobernar todo un reino.

Y mandó que allí, delante de todos, se rompiese y abriese la caña. Hízose así, y en el corazón della hallaron diez escudos en oro; quedaron todos admirados, y tuvieron a su gobernador por un nuevo Salomón.

---

1. **acreedor**, contr. **deudor** = *créancier/débiteur.*
2. **su contrario** = *son adversaire, son ennemi.*
3. **desde allí en adelante** = *dorénavant.*
4. **pidiría** : fam. **Pediría**.
5. **visto lo cual Sancho** = **lo cual visto por Sancho** = *cela étant vu par Sancho.*
6. **sin más ni más** = *tout simplement, sans plus.*

Le grand gouverneur demanda alors au créancier ce qu'il pensait des déclarations de son adversaire, ce à quoi il répondit que son débiteur, homme de bien et bon chrétien, disait sûrement la vérité ; qu'il avait sans doute oublié quand et comment il avait été remboursé et qu'il s'engageait désormais à ne plus rien demander. Le débiteur reprit son bâton et, saluant de la tête, se dirigea vers la sortie. Là-dessus Sancho, voyant qu'il s'en allait tout bonnement, et observant la résignation du demandeur, inclina la tête sur sa poitrine et, l'index de la main droite placé entre son nez et ses sourcils, resta pensif un court instant. Puis il redressa la tête et demanda qu'on rappelât le vieux au bâton qui s'en était déjà allé. On le lui ramena et Sancho de lui dire aussitôt :

– Donnez-moi, brave homme, votre bâton, j'en ai besoin.

– Bien volontiers, répondit le vieux, le voici, Seigneur.

Et il le lui mit entre les mains. Sancho le saisit et le donna au second vieillard, avec ces mots :

– Allez en paix, vous êtes remboursé.

– Moi, Seigneur ? répondit le vieux : ce malheureux bâton vaudrait-il dix écus d'or ?

– Parfaitement, répondit le gouverneur, ou je suis le plus grand sot de la terre. Et maintenant, on va bien voir si j'ai assez de jugeote pour gouverner tout un royaume.

Il donna alors l'ordre de briser, en présence de toute l'assemblée, le bâton et de l'ouvrir ; on s'exécuta et on y trouva les dix écus d'or ; tous étaient béats d'admiration et tenaient leur gouverneur pour un nouveau Salomon.

---

7. **el demandante** : v. **demandar** = *déposer une plainte*.
8. **trujéronsele** = arch. **trajéronsele** : prét. **traer** = **se le trajeron**.
9. **ese báculo** : l'adj. dém. doit être traduit par un adj. possessif soit : **vuestro báculo** (formule impossible auj.).
10. **un porro** : fam. = *un imbécile*. En argot actuel = *un joint*.
11. **caletre** : fam. *discernement, capacité, bon sens*.

Preguntáronle de dónde había colegido que en aquella cañaheja estaban aquellos diez escudos, y respondió que de haberle visto dar el viejo que juraba, a su contrario, aquel báculo, en tanto que hacía el juramento, y jurar que se los había dado real y verdaderamente, y que en acabando de jurar le tornó a[1] pedir el báculo, le vino a la imaginación que dentro dél estaba la paga de lo que pedían. De donde se podía colegir que los que gobiernan, aunque sean unos tontos, tal vez los encamina Dios en sus juicios; y más que él había oído contar otro caso[2] como aquél al cura de su lugar, y que él tenía tan gran memoria, que a no olvidársele[3] todo aquello de que quería acordarse, no hubiera tal memoria en toda la ínsula.

Finalmente, el un viejo[4] corrido y el otro pagado, se fueron, y los presentes quedaron admirados, y el que escribía las palabras, hechos y movimientos de Sancho no acababa de determinarse si le tendría y pondría por tonto o por discreto.

---

1. **tornar a** = **volver a** : *retourner*, *rendre*...
2. **un caso** = *une affaire*. Une anecdote comparable est rapportée dans la ***Leyenda aurea*** de Jacobo de Vorágine au XIIIe siècle.

On lui demanda comment il avait déduit que ce bâton contenait les dix écus et il répondit que c'était en voyant le vieux le confier à son adversaire au moment du serment, et en le voyant jurer qu'il les lui avait donnés réellement et en toute vérité pour le lui reprendre dès la fin du serment, que lui était venue l'idée que la somme réclamée était à l'intérieur. Et qu'on en pouvait conclure que Dieu inspire peut-être les gouverneurs dans leurs jugements, même s'ils ne sont que des sots. De plus il avait entendu raconter une affaire similaire par le curé de son village et, comme il avait une mémoire fabuleuse, personne n'aurait pu l'égaler dans l'île s'il n'oubliait précisément tout ce dont il voulait se souvenir.

En fin de compte, les deux vieillards s'en allèrent, l'un déconfit, l'autre ravi. La foule était émerveillée et celui qui notait par écrit les paroles, faits et gestes de Sancho n'arrivait pas à décider s'il le qualifierait de sot ou de sage.

---

3. **a no olvidársele** = **si no olvidara**.
4. **el un viejo** : rétablir = **los dos viejos se fueron**, **el uno... el otro**.

Annexes

Annexe I

Cervantès en son temps : sa vie et son œuvre.

1547 Troisième enfant de Rodrigo de Cervantès, chirurgien, et de Leonor Cortinas, Miguel de Cervantès naît à Alcalá de Henares le 29 septembre et y est baptisé le 9 octobre.
Publication des deux premières parties de *Belianis de Grèce*, roman de chevalerie de Jerónimo Fernández, alias le Sage Friston.

1554 La famille Cervantès vit à Valladolid depuis un an. Edition à Alcalá, Burgos et Anvers du *Lazarillo de Tormes*.

1556 Charles Quint abdique au profit de son fils Philippe II. Publication du roman pastoral *La Diana*, de Montemayor.

1561 La famille Cervantès s'installe à Madrid où le roi a transféré sa cour.

1562 Naissance de Lope de Vega.

1564 Départ de la famille pour Séville où Miguel a pu suivre l'enseignement de Jésuites installés dans cette ville. Il assiste à des représentations de pièces de théâtre de Lope de Rueda. Naissance de Shakespeare.

1566 De retour à Madrid, Miguel de Cervantès a pour maître l'érasmiste Juan Lopez de Hoyos. Il écrit son premier sonnet pour célébrer une maternité d' Elisabeth de Valois, troisième femme de Philippe II.

1568 Nouveau poème pour célébrer, cette fois, la mort de la reine.

1570 Cervantès est en Italie et s'engage dans l'expédition maritime contre les Turcs. Ercilla publie *La Araucana*, poème épique de la conquête du Chili.

1571 À Lépante, le 7 octobre, victoire remportée sur les Turcs par les flottes alliées de l'Espagne, Venise et la Papauté. Cervantès y perd la main gauche, ce qui lui vaudra le surnom de « manchot de Lépante ».

1573 Pour avoir participé à diverses expéditions, Cervantès obtient des lettres de recommandations de don Juan d'Autriche pour une charge de capitaine.

1575 Miguel et son frère Rodrigo s'embarquent sur la galère « Sol » pour regagner l'Espagne ; ils sont capturés par les Turcs et emmenés à Alger.

1580 Après quatre tentatives d'évasion, Miguel de Cervantès est libéré grâce à deux moines trinitaires venus racheter des prisonniers et à une collecte organisée parmi les marchands chrétiens de la ville. Pendant ces cinq ans, Cervantès a connu bien des trahisons... Montaigne voit ses *Essais* édités et Camoens ses *Lusiades* traduites du portugais.

1582 Tandis que Cervantès travaille à *La Galatée*, roman pastoral, ses premières pièces de théâtre, dont *La vie à Alger*, sont représentées sans qu'il puisse, toutefois, vivre de sa plume.

1584 Miguel de Cervantès épouse Catalina de Salazar.

1587 Tandis que Philippe II prépare l'expédition de l'Invincible Armada, Cervantès obtient un emploi de commissaire aux vivres dans la région de Ecija, province de Cordoue.

1590 Englué dans des difficultés financières, Cervantès envisage de partir pour l'Amérique mais voit sa demande d'emploi rejetée par le Conseil des Indes.

1592-1602 Résidant le plus souvent à Séville, Cervantès parcourt la région pour ramasser le blé et collecter les impôts. Il connaît la prison à plusieurs reprises. Il écrit quelques *romances* et une *Glose à Saint-Hyacinthe* qui lui vaut un prix dans un concours littéraire (1595). En 1598, il offre un sonnet pour la mort de Philippe II.

1605 Philippe III a transféré sa cour à Valladolid où l'on retrouve Cervantès inquiété, un temps, par la justice à la suite d'un crime commis dans le voisinage. Publication de la première partie de ***Don Quichotte*** par l'éditeur Francisco de Robles à qui l'auteur a vendu ses droits. Succès foudroyant en Espagne et au Portugal.

1609 Toujours à la recherche d'appuis, Cervantès entre dans la Congrégation du Très-Saint-Sacrement fondée en 1608 par un moine trinitaire puis devient membre d'une Académie littéraire également fréquentée par Lope de Vega. Des poursuites sont cependant lancées par la Trésorerie contre l'ancien commissaire aux vivres. Il marie sa fille naturelle Isabelle de Saavedra qui lui fera de nombreux procès.

1610 Cervantès songe une nouvelle fois à s'expatrier et demande à accompagner à Naples le comte de Lemos qui refuse sa requête mais lui assure une pension.

1613 Publication des *Nouvelles exemplaires*, recueil de douze nouvelles qui connaissent un grand succès. On retiendra *Le Curieux mal avisé, la Petite Gitane, l'Illustre laveuse de vaisselle* ou *le Jaloux d'Extrémadoure* mais surtout *Rinconete et Cortadillo, le Colloque des chiens* et *le Licencié de verre.*

1614 Publication du *Voyage au Parnasse*. Un certain Avellana publie un soi-disant second tome de *l'Ingénieux Don Quichotte de la Manche*, imprimé à Tarragone, qui contient, dans sa préface, de violentes attaques contre l'auteur du *Quichotte*. En France, César Oudin traduit la première partie du *Quichotte.*

1615 Publication de l'authentique seconde partie de *Don Quichotte*, qui connaît un vif succès, et de *Huit comédies et huit intermèdes nouveaux*. Lope de Vega publie les cinquième et sixième parties de ses *Comedias.*

1616 Cervantès dédie ses *Travaux de Persilès et Sigismonde* au comte de Lemos (déjà dédicataire du *Quichotte*), et meurt quelques jours plus tard, le 23 avril, le même jour, dit-on, que Shakespeare.

1617 Publication des *Travaux de Persilès et Sigismonde* et réédition de toutes les œuvres de Cervantès.

Aperçus de l'ensemble de l'œuvre de Cervantès

Si l'on connaît surtout Cervantès pour ses romans et, parfois, pour son seul *Don Quijote de la Mancha*, on ne peut oublier qu'il fut un dramaturge de talent dans un siècle qui en produisit de fort grands.

Si l'on s'en tient à l'ordre chronologique, on remarque qu'après quelques poèmes de circonstances, la carrière de Cervantès débute par un roman, *La Galatea* (*La Galatée*) et s'achève sur un autre roman, *Los trabajos de Persilés y Sigismunda* (*Les travaux de Persilés et Sigismonde*). Le premier, *La Galatée*, s'inscrit dans le courant des romans pastoraux que *La Diana* de Montemayor avait imposé en castillan : bergers et pastourelles authentiques ou travestis s'attirent, se repoussent, se portent des coups mortels, pleurent au son du rebec, toutes situations qu'un public éclairé prisait hautement. Quant aux *Travaux de Persilés et Sigismonde* publiés après la mort de l'auteur, ils nous entraînent des mers du nord à l'Italie en passant par la France et l'Espagne, dans de folles aventures où abondent coups bas et rivalités mais qui, sous la protection de l'allégorie Chasteté, mèneront nos deux héros au terme de leur pèlerinage – Rome –, où ils pourront enfin s'unir...

Et le théâtre ? Des deux premières pièces écrites par Cervantès, on pourrait dire qu'elles s'inspirent de l'Histoire, *El Cerco de Numancia* (*Le siège de Numance*) racontant l'héroïsme de cette ville proche de Soria, assiégée par les troupes romaines, et qui résista jusqu'à la mort du dernier numantin. La seconde pièce, *La Vida en Argel* (*La Vie à Alger*), qui se passe dans un monde de trahisons, d'antagonismes entre chrétiens et musulmans, gardiens et prisonniers mais où se nouent, dans une grande fantaisie, des intrigues amoureuses complexes, puise vraisemblablement ses sources dans les cinq années de captivité que Cervantès vécut dans cette ville d'Alger.

Avec les *Comedias* et *Los Entremeses* (*Les Intermèdes*), Cervantès ouvre de nouvelles portes : écrits soit en vers soit en prose, *Les Intermèdes*, destinés à être représentés pendant les entractes, se devaient d'être courts et percutants : ici, on brocarde l'hypocrisie – *El Retablo de las Maravillas* (*Le Rétable des Merveilles*), là, on se moque de la jalousie ou des rivalités amoureuses : *La Guardia cuidadosa* (*Le Gardien Vigilant*)… Ailleurs, on découvre prostituées et protecteurs avec *El Rufián viudo* (*Le Rufian veuf*) et *El Vizcaíno Fingido* (*Le Faux Biscaïen*). Ces brefs tableaux pleins de vivacité sont d'une drôlerie proche de la farce.

Quant aux huit *Comedias*, si elles exploitent des thèmes voisins dans un monde de jeux et de ruses, elles peuvent réserver des surprises en mettant en scène des destinées fort différenciées : citons, par exemple, *El Rufián dichoso* (*Le Rufian bienheureux*) où le héros, coquin notoire, connaîtra une fin de vie édifiante tandis que Pedro de Urdemalas, protagoniste de l'œuvre éponyme, manigancera toute sa vie durant, arrangera, rusera sur un rythme effréné et pour le bonheur de tous.

Ce sont, cependant, les romans que le temps a retenus dans l'œuvre de Cervantès… De ses *Novelas Ejemplares* (*Les Nouvelles Exemplaires*), publiées entre les deux parties du *Quichotte*, Cervantès affirme qu'elles sont les premières du genre, en langue castillane, à n'être ni des imitations ni des traductions d'œuvres antérieures ou étrangères. Et, de fait, elles sont d'une grande originalité… Certes, on y retrouve des astuces déjà pratiquées, avec des reconnaissances de dernière heure qui révèlent une naissance aristocratique : *La Gitanilla* (*La Petite Gitane*), *La Ilustre Fregona* (*L'illustre laveuse de vaisselle*) ; l'honneur des jeunes filles, mis à mal contre leur volonté : *La Fuerza de la Sangre* (*La Force du Sang*), ou avec leur consentement comme dans *La Señora Cornelia* (*Madame Cornelia*) sera recouvré par des mariages heureux et le repentir des coupables…

Parmi ces nouvelles, ce sont toutefois *Rinconete y Cortadillo*, *El Licenciado Vidriera* (*Le Licencié de Verre*) et *El Coloquio de los Perros* (*Le Colloque des Chiens*) qui retiennent le plus l'attention du lecteur : dans ces trois œuvres, nous soulevons des couvercles qui camouflent des trafics, des filouteries, les mœurs des gueux des bas-fonds ou, tout simplement, une ville ordinaire, toute situation dont le lecteur peut, de l'avis de l'auteur, tirer une leçon. Mais qu'il s'agisse des nouvelles ou des œuvres dramatiques, au-delà de ces enseignements, au-delà d'intrigues un rien noueuses et de dénouements attendus, le grand talent de Cervantès est de jouer de la diversité des milieux et des atmosphères, de nous mener des rives du Tage aux mers du nord, de nous révéler la vie foisonnante d'une auberge ou le monde douteux des truands, la montagne, la ville, le jargon d'une « confrérie » de *pícaros* – des gueux –, de nous faire entrevoir l'approche de vaisseaux turcs ou encore de nous laisser franchir le cercle des gitans, avec une vivacité, une ironie, un mordant hors du commun.

Pour évoquer, enfin, *Don Quijote de la Mancha*, laissons Jean Cassou s'exprimer :

« ...Le Quichotte n'intéresse pas seulement l'Espagne et ceux qui y cherchent le fondement de la raison espagnole. Il marque aussi, pour tout le monde occidental, une des dates les plus importantes de l'histoire de celui-ci : l'origine de la pensée moderne, la rupture avec un monde ordonné, la démythisation, sinon la dédivinisation de l'univers. C'est dans *le Quichotte* qu'apparaît, après *les Essais* de Montaigne, la solitude de l'homme .Mais, comme dans *les Essais*, et peut-être plus nettement que dans *les Essais*, cette solitude autorise un regroupement des facultés les meilleures et les plus sociables du cœur humain. Si triste, si profondément déchirant que soit ce livre, il déborde de charité, il projette une lumière évangélique. La bonté de don Quichotte, l'humanité de ses entretiens avec Sancho, le geste adorable de Maritorne offrant sa cruche d'eau à celui-ci après son bernement, tant de traits émouvants, tant de sagesse chrétienne et de noblesse castillane, et ce rire qui garde sans cesse sa dignité, enfin la façon dont Sancho et don Quichotte grandissent peu à peu sous l'œil attendri de leur créateur, tout cela forme autour de cet inépuisable ouvrage une atmosphère que les siècles ne se lassent pas de respirer.

[...] On ne peut se lasser de redire, après tant d'autres, les joies infinies que procurent *le Quichotte* et ce mélange perpétuel de poésie et de réalité, cette dialectique, ce rythme intérieur qui font que, de tous les ouvrages sortis de l'esprit de l'homme, c'est celui-là qui demeure le plus merveilleusement vivant. »

« Mon bien-aimé Cervantès », disait Florian, traducteur du *Quichotte* en 1799. J'espère qu'il deviendra le vôtre...

M.M.

Annexe II

Lexique

Lexique

Abad *abbé*

Abadejo *cabillaud*

Abajo *en bas*

Abarraganada *en concubinage*

Abismo *abîme*

Abrasar *brûler*

Abrazar *étreindre*

Abrir *ouvrir*

Abuelos *grands-parents*

Acabar *achever*

Acaso *peut-être, par hasard*

Acémila *bête de somme*

Acercar *approcher*

Acertar *réussir*

Acometer *attaquer*

Acomodar *adapter*

Acompañar *accompagner*

Acontecer *survenir*

Acordarse *se souvenir*

Acorrer *secourir*

Acortar *écourter*

Acrecentar *accroître*

Acribar *cribler*

Acudir *accourir*

Acuitarse *chagriner*

Aderezar *arranger*

Adivinar *deviner*

Admirar *étonner*

Adornar *orner*

Afán *souci, désir*

Afición *goût*

Afincamiento *angoisse*

Afortunado *bienheureux*

Agorero *crédule*

Agradecer *remercier*

Agraviar *offenser*

Agravio *offense*

Aguardar *attendre*

Ahechar *vanner*

Ajeno *à autrui*

Alabar *louer*

Alas *ailes*

Albarda *bât*

Lexique

Alborozo *allégresse*

Albricias *étrennes*

Alcaide *gouverneur*

Alcanzar *atteindre*

Alcatifa *tapis*

Alcázar *palais*

Aldea *village*

Alegrar *réjouir*

Alforja *besace*

Alisar *lisser*

Alma *âme*

Almenas *créneaux*

Almohada *coussin*

Altanería *haut vol*

Altercar *se disputer*

Alteza *hauteur*

Alto *haut, grand*

Alzar *élever*

Ama *gouvernante*

Ambar *ambre*

Ambos *les deux*

Amenazar *menacer*

Amo *maître*

Añadir *ajouter*

Ancas *hanches, croupe*

Anciano *vieillard*

Andante *errant*

Andas *brancards*

Angel *ange*

Animar *encourager*

Animo *courage*

Anochecer *crépuscule*

Antojarse *avoir envie*

Apagar *éteindre*

Apalear *rosser*

Apartar *écarter*

Apearse *mettre pied à terre*

Apenas *à peine*

Aposento *chambre*

Apretar *serrer, affliger*

Aprovechar *profiter*

Arambeles *tentures*

Ardimiento *bravoure*

Armiño *hermine*

Lexique

Arrancar *arracher*

Arreos *parures*

Arriba *en haut, au-dessus*

Asaltar *assaillir*

Asentar *établir*

Así como *dès que*

Asir *saisir*

Asno *âne*

Asombradizo *peureux*

Aspa *aile*

Atañer *incomber*

Atar *attacher*

Atento *attentif*

Atónito *abasourdi*

Atrevido *audacieux*

Aunque *bien que, même si*

Ausencia *absence*

Ave *oiseau*

Averiguar *vérifier*

Avisar *avertir*

Ayudar *aider*

Azotes *coups de fouet*

Bacalao *morue*

Bachiller *bachelier*

Báculo *bâton*

Balar *bêler*

Balde (de) *gratis*

Ballena *baleine*

Ballesta *arbalète*

Bambolear *osciller*

Barbero *barbier*

Bardas *haut d'un mur*

Barrunto *soupçon*

Bastar *suffire*

Bastecido *pourvu*

Basto *grossier*

Bendecir *bénir*

Bendito *béni*

Besar *embrasser*

Bisabuelo *bisaïeul*

Blando *mou, tendre*

Bobo *idiot*

Bocado *bouchée*

Boda *noce*

Lexique

Bodegonero *tenancier*

Bordar *broder*

Borrar *effacer*

Bosque *bois*

Bota *gourde*

Bramer *bramer*

Brevedad *brièveté*

Brío *énergie*

Burlarse *se moquer*

Cabal *exact, accompli*

Cabalgadura *monture*

Caballería *chevalerie*

Caballeriza *écurie*

Caballero *chevalier*

Cabellos *cheveux*

Cabestro *licou*

Cabo *bout, cap*

Cabrito *chevreau*

Cabrón *bouc*

Caer *tomber*

Caída *chute*

Calentar *chauffer*

Callar *se taire*

Caluroso *chaud*

Calzar *chausser*

Calzas *chausses*

Camisa *chemise*

Campana *cloche*

Caña *roseau*

Cañaheja *férule*

Canalla *canaille*

Candeal *pain blanc*

Cansado *fatigué*

Cansancio *fatigue*

Canto *chant*

Cañutillo *fil d'or*

Cargo *charge*

Carne *chair, viande*

Carro *char*

Carta *lettre*

Casar *marier*

Caso *affaire*

Castigar *châtier*

Castillo *château*

Castrador *châtreur*

Catorceno *drap épais*

Cautivo *captif*

Cava *fossé*

Caza *chasse*

Cejas *sourcils*

Celada *salade (casque arrondi)*

Celebro *cerveau*

Celoso *jaloux*

Ceñir *ceindre*

Cerebro *cerveau*

Cerrar *fermer*

Chamuscado *roussir*

Chapines *chaussures de l'époque*

Chapitel *chapiteau*

Choza *cabane*

Chufleta *plaisanterie*

Cierto *certain*

Cinta *ruban*

Cintura *taille*

Clavar *fixer*

Clavija *cheville*

Cobarde *couard*

Cobrar *acquérir*

Cocer *cuire*

Cohete *fusée*

Cola *queue*

Colegir *déduire*

Colgar *pendre*

Coloquio *propos*

Comedido *modéré*

Competir *être en concurrence*

Condado *dignité de comte*

Condesa *comtesse*

Condición *condition, caractère*

Consigo *avec soi*

Continente *maintien*

Contrahecho *contrefait*

Contrario *adverse*

Lexique

Copo *quenouillée*

Corazón *cœur*

Coronar *couronner*

Coronista *chroniqueur*

Corral *cour*

Correoso *souple, coriace*

Correr *courir*

Correrse *rougir*

Corrido *penaud*

Cortar *couper*

Cortés *courtois*

Coselete *corselet*

Costal *sac*

Costar *coûter*

Costilla *côte*

Costumbre *coutume*

Crecer *croître*

Criar *éduquer*

Criba *crible*

Cristiano *chrétien*

Cruz *croix*

Cuadrar *convenir*

Cuanto más *d'autant plus*

Cubierto *couvert*

Cubrir *couvrir*

Cuchillada *coup de couteau*

Cuello *cou*

Cuenta *compte*

Cuento *conte, histoire*

Cuerno *corne*

Cuita *peine*

Cumplir *accomplir*

Curadillo *morue séchée*

Curar *soigner*

Curarse *se soucier*

Cursado *instruit*

Dañado *méchant*

Daño *mal*

Debajo *sous*

Dejar *laisser*

Demás (los) *les autres*

Denostar *insulter*

Deparar *présenter*

Derretir *fondre*

Derribar *abattre*

Derrota *défaite*

Desafío *défi*

Desaforado *démesuré*

Desaguisado *offense*

Desatar *détacher*

Desatino *déraison*

Desbaratar *mettre en déroute*

Descanso *repos*

Descargar *décharger*

Descontento *mécontent*

Descuido *négligence*

Desdecir *contredire*

Desdén *dédain*

Desdichado *malheureux*

Desear *désirer*

Desencajar *déboîter*

Desentrañar *percer*

Desgajar *arracher*

Deshacer *défaire*

Desigual *inégal, disparate*

Desleír *faire fondre*

Desmayado *pâmé*

Desnudo *nu*

Desollar *écorcher*

Despacio *lentement*

Despedir *congédier*

Despensa *garde-manger*

Despertar *réveiller*

Despoblados *déserts*

Despojos *dépouilles*

Despreciar *mépriser*

Desterrar *exiler*

Destripar *étriper*

Desvalijar *dévaliser*

Desvanecerse *s'évanouir*

Desvelar *tenir éveillé*

Desventura *malheur*

Detener *arrêter*

Deuda *dette*

Dichoso *bienheureux*

Lexique

Diente *dent*

Dilación *retard*

Dilatar *différer*

Diputar *qualifier*

Discreto *sage*

Disculpa *excuse*

Disparate *absurdité*

Distraer *détourner*

Doblar *doubler*

Docto *cultivé*

Donaire *esprit*

Doncella *jeune fille, suivante*

Dudar *hésiter*

Duelos *deuils*

Dueño *maître*

Duquesa *duchesse*

Duradero *durable*

Ejercicicio *exercice, activité*

Embestir *attaquer*

Embrazar *passer au bras*

Empresa *entreprise, devise*

Enamorarse *s'énamourer*

Enano *nain*

Encajar *emboîter*

Encaje *emboîtement*

Encaminar *diriger*

Encantamento *enchantement*

Encender *allumer, exciter*

Encina *yeuse*

Encoger *contracter*

Encolerizado *irrité*

Encomendar *recommander*

Encrucijada *carrefour*

Enderezar *redresser*

Enemigo *ennemi*

Enfadarse *se fâcher*

Enflaquecer *affaiblir*

Enfrascarse *se plonger*

Engañar *tromper*

Enjuto *sec*

Enlutado *en deuil*

Enmendar *réparer*

Lexique

Enojo *colère*

Enriquecer *enrichir*

Enristrar *mettre en arrêt (la lance)*

Ensartar *enfiler*

Enseñar *apprendre*

Ensillar *seller*

Entallar *tailler*

Entender *comprendre*

Entono *prétention*

Entregar *donner, livrer*

Entremeterse *s'immiscer*

Entristecer *attrister*

Enviar *envoyer*

Envolver *envelopper*

Erizar *hérisser*

Escardar *échardonner*

Esconder *cacher*

Escudero *écuyer*

Escudo *écu*

Escueto *concis*

Esculpir *sculpter*

Esforzado *courageux*

Esfuerzo *effort*

Esgrimir *brandir*

Espada *épée*

Espaldar *dos de la cuirasse*

Espantable *effroyable*

Espantar *effrayer*

Esperanza *espoir*

Esperar *attendre*

Espuelas *éperons*

Estado *état*

Estirar *étirer*

Estopa *étoupe*

Estorbar *empêcher*

Estrado *boudoir*

Estrella *étoile*

Estribo *étrier*

Estruendo *fracas*

Extraño *étrange*

Faldamento *jupe longue*

Faldriquera *poche*

Lexique

Falta *privation*

Fama *renommée*

Famoso *célèbre*

Fantasmas *fantômes*

Faz *face*

Fe *foi*

Fenecer *périr*

Fiarse *se fier*

Fiero *cruel*

Figura *silhouette*

Firme *ferme*

Flaco *maigre*

Floresta *bosquet*

Fortaleza *force, forteresse*

Forzoso *forcé*

Fragancia *parfum*

Freno *frein, mors*

Fresco *frais*

Fuelles *soufflets*

Fuente *fontaine*

Fuga *fougue, fuite*

Fundar *fonder*

Galgo *lévrier*

Gallina *poule*

Gana *envie*

Ganar *gagner*

Garza *héron*

Gastar *dépenser*

Gentil *noble*

Gigante *géant*

Girifalte *gerfaut*

Gobernador *gouverneur*

Gobierno *gouvernement*

Gola *gorgerin*

Golpe *coup*

Gordo *gros*

Gordura *grosseur*

Gozar *jouir*

Gracioso *plaisant*

Grado *gré, degré*

Graduado *diplômé*

Granizo *grêle*

Granjear *acquérir*

Gravedad *gravité*

Lexique

Gritar *crier*

Grosero *grossier*

Guantero *gantier*

Guardar *observer, ranger, réserver*

Guiar *guider*

Gusto *plaisir*

Hacha *flambeau*

Hallar *trouver*

Hambre *faim*

Harriero *muletier*

Harto *las*

Hazaña *exploit*

Hebra *brin*

Hecho *fait*

Hechura *façon*

Herida *blessure*

Herir *blesser*

Hermano *frère*

Hermosura *beauté*

Herreruelo *cape courte*

Hidalgo *gentilhomme*

Hierro *fer*

Hincar *ficher*

Hincarse(de rodillas) *s'agenouiller*

Hoja *feuille*

Holgarse *se réjouir*

Hombros *épaules*

Hombruno *viril*

Hondo *profond*

Honra *honneur*

Honrar *honorer*

Horadar *percer, évider*

Hueso *os*

Huésped *hôte*

Huir *fuir*

Humildad *humilité*

Humilde *humble*

Hurtar *dérober*

Igualar *égaler*

Imperio *autorité, empire*

Lexique

Impetu *élan*

Inclito *illustre*

Indice *index*

Industria *habileté*

Infierno *enfer*

Ingenio *esprit*

Ingenioso *ingénieux*

Insignia *emblème*

Insula *île*

Intricado *embrouillé*

Jaez *harnais*

Jornada *étape*

Joya *bijou*

Juicio *raison*

Juramento *serment*

Jurar *jurar*

Juzgar *juger*

Labrador *agriculteur*

Lado *côté*

Ladrón *voleur*

Lágrima *larme*

Lanza *lance*

Lástima *pitié*

Lecho *lit*

Leguas *lieues*

Lenguaje *langage*

Leño *bois*

Leve *léger*

Ley *loi*

Lícito *permis*

Ligero *léger*

Limpiar *nettoyer*

Lirio *lys*

Litera *litière*

Llagado *blessé*

Llave *clef*

Llegar *arriver*

Llegarse *s'approcher*

Llevar *porter*

Llorón *pleurnicheur*

Lobas *soutane*

Loco *fou*

Lexique

Locura *folie*

Luciente *étincelant*

Luego *puis, tout de suite*

Lugar *endroit, village*

Lumbre *lumière*

Luto *deuil*

Luz *lumière*

Machacar *écraser*

Madrugar *se lever matin*

Maese *maître*

Majada *bergerie*

Maldecir *maudire*

Maleante *pervers*

Maltrecho *malmené, mal en point*

Manada *troupeau*

Manchego *de la Manche*

Mandar *ordonner*

Mantel *nappe*

Manto *châle, cape*

Maravilla *merveille*

Mármol *marbre*

Máscara *masque*

Matalotaje *provisions*

Matar *tuer*

Matorral *buisson*

Mayor *plus grand*

Medir *mesurer*

Medroso *timoré*

Mejorar *améliorer*

Melifluo *à goût de miel*

Melindroso *minaudier*

Menear *agiter, remuer*

Menester *besoin*

Menguar *décroître*

Menudear *répéter*

Menudo *petit*

Merecer *mériter*

Merecimiento *mérite*

Mesón *auberge*

Mezclar *mêler*

Miedo *peur*

Misa *messe*

Lexique

Mitad *moitié*

Moho *moisissure*

Molimiento *harassement*

Molino *moulin*

Mondo *net*

Moro *maure*

Morrión *morion (casque à deux pointes)*

Mosquito *moustique*

Mozo *garçon, domestique*

Muchacho *garçon*

Mudanza *mutation*

Mudar *changer*

Muela *molaire*

Muestras *démonstrations*

Mugriento *crasseux*

Mujeriegas (a) *en amazone*

Multitud *foule*

Nacer *naître*

Nariz *nez*

Natural *natif*

Necesidad *besoin*

Negar *nier*

Negocio *affaire*

Nieto *petit-fils*

Nieve *neige*

Notar *remarquer*

Noticia *nouvelle*

Novel *débutant*

Nublado *nuage*

Ocioso *oisif*

Oficio *métier*

Oler *sentir*

Olvidar *oublier*

Ora *soit*

Oración *prière*

Orden *ordre*

Ordenar *ordonner*

Orín *rouille*

Oveja *brebis*

Padecer *souffrir*

Lexique

Pagar *payer*

Pájaro *oiseau*

Paje *page*

Palabra *mot*

Palacio *palais*

Paño *drap*

Pañuelo *mouchoir, foulard*

Paramento *parement*

Parar *arrêter*

Pardo *brun*

Pared *mur*

Partida *départ*

Partir *partager*

Pasajero *passager*

Pasmarse *défaillir*

Pastor *berger*

Pavor *effroi*

Paz *paix*

Pegar fuego *mettre le feu*

Pelear *combattre*

Peligro *danger*

Pelo *poil, cheveux*

Peña *rocher*

Pendencia *querelle*

Pendiente *suspendu*

Pensamiento *pensée*

Pequeño *petit*

Perecer *mourir*

Peregrino *remarquable*

Pergamino *parchemin*

Perlas (de) *à merveille*

Pertrecho *attirail*

Pesar de (a) *malgré*

Pesar *peser*

Pesaroso *désolé*

Pescado *poisson*

Pestífero *pesteux*

Peto *plastron*

Pierna *jambe*

Pintado *tacheté*

Pintar *peindre*

Placer *plaire, plaisir*

Plata *argent*

Plática *discussion*

Lexique

Pleito *procès*

Podadera *serpe*

Poder *pouvoir*

Polvoroso *poussiéreux*

Popa *poupe*

Porquero *porcher*

Portal *crêche*

Posada *auberge*

Preceto *précepte*

Preguntar *interroger*

Prestar *prêter*

Presteza *promptitude*

Princesa *princesse*

Principio *début*

Prisa (darse) *se dépêcher*

Pristino *originel*

Probar *essayer*

Propósito *propos, dessein*

Proseguir *poursuivre*

Provecho *profit*

Provechoso *profitable*

Puente levadizo *pont-levis*

Quebrantos *brisures*

Quebrar *briser*

Quejarse *se plaindre*

Quesada *tarte au fromage*

Queso *fromage*

Quietar *s'apaiser*

Quijada *mâchoire*

Quinto *cinquième*

Quitar *ôter*

Raíz *racine*

Ramera *prostituée*

Ramo *branche*

Rapar *raser*

Raso *lisse*

Rastrojos *chaumes*

Rato *moment*

Rayo *rayon*

Real (adj) *royal*

Recado *message*

Recio *vigoureux*

Recoger *rassembler*

Lexique

Recogerse *se retirer*

Redención *salut*

Redondo *rond*

Redundar *retomber*

Refriega *rencontre*

Regalado *comblé*

Regalar *offrir*

Regocijarse *se réjouir*

Reino *royaume*

Relámpago *éclair*

Relinchar *hennir*

Rematar *achever*

Remediar *remediar*

Remojado *tremper*

Rencor *rancoeur*

Rendir *soumettre*

República *chose publique*

Repuesto (de) *de rechange*

Repuesto *provisions*

Requerir *reclamer*

Requiebro *galanterie*

Revolverse *se retourner*

Rezar *prier*

Riendas *rênes*

Riesgo *risque*

Risa *rire*

Ristre *arrêt (lance en)*

Robar *voler*

Roble *chêne*

Rodar *rouler*

Rodela *rondache*

Rodilla *genou*

Rogar *prier*

Romadizado *enrhumé*

Romper *briser*

Ropa *vêtement*

Rostro *visage*

Rubicundo *rubicond*

Rubión *blé roux*

Rugir *rugir*

Sabio *sage, savant*

Saboyana *basquine*

Sabroso *savoureux*

Sacar *sortir, obtenir*

Sacerdote *prêtre*

Sagacidad *discernement*

Salida *sortie*

Salir *sortir*

Salpicón *viande hachée*

Salsa *sauce*

Saltar *sauter*

Salud *santé*

Salvaje *sauvage*

Salvo *sauf*

Sandez *sottise*

Sano *sain*

Sastre *tailleur*

Saya *jupe*

Sayo *veste ample*

Sazón *occasion*

Secas (a) *sans plus*

Seda *soie*

Sembrar *semer*

Semejante *semblable*

Semejar *sembler*

Señal *marque, signe*

Sencillo *simple*

Sendos *chacun*

Señoría *seigneurie*

Senorío *maîtrise de soi*

Seso *cervelle*

Siglo *siècle*

Silbar *siffler*

Silla *selle, chaise*

Simiente *semence*

Simple *naïf*

Sinrazón *déraison*

Soberano *souverain*

Sobrepellices *surplis*

Sobrina *nièce*

Socorrer *secourir*

Soga *corde*

Solazar *se distraire*

Soltar *lâcher*

Soñar *rêver*

Soplar *souffler*

Sosiego *calme*

Lexique

Subir *monter*

Suceso *événement*

Sudar *suer*

Suelo *sol*

Suerte *chance*

Sufrir *supporter*

Sujeto *sujet, assujetti*

Sutil *subtil*

Tabla *planche*

Tacha *défaut*

Talante *humeur*

Talego *sac*

Talle *allure*

Tantear *mesurer*

Tapar *boucher*

Tardanza *retard*

Tela *tissu*

Temblar *trembler*

Temer *craindre*

Templar *modérer*

Tender *étendre*

Tentar *tâter*

Terrones *mottes de terre*

Testigo *témoin*

Tienda *boutique*

Tiento *tact*

Tierno *tendre*

Tijeras *ciseaux*

Tintero *encrier*

Tirón *secousse*

Titubear *hésiter*

Título *titre*

Tocar *toucher, jouer*

Tonto *sot*

Topar *rencontrer*

Torcer *tordre, tourner*

Tormenta *tempête*

Tornar a *refaire*

Trabar *entraver*

Trago *gorgée*

Trance *mauvais pas*

Transponer *disparaître*

Trasladar *transcrire*

Lexique

Trasponer *disparaître*

Través *travers*

Trazado *bâti*

Trecho *moment, distance*

Tronar *tonner*

Trucha *truite*

Truchuela *truitelle, morue séchée*

Trueno *tonnerre*

Tuerto *tort*

Tufo *touffeur*

Tuho *bouffée*

Tundir *tondre*

Turbar *troubler*

Usanza *usage*

Vaguido *évanouissement*

Valedero *valable*

Valentía *vaillance*

Valeroso *vaillant, valeureux*

Valor *courage*

Vapular *fouetter*

Vaquilla *vachette*

Vara *baguette*

Varón *mâle*

Velar *veiller*

Vencer *vaincre*

Vencimiento *défaite*

Vendar *bander*

Vengar *venger*

Venidero *futur*

Venta *auberge*

Ventero *aubergiste*

Ventura *chance*

Verdad *vérité*

Verdugado *vertugadin*

Vericueto *chemin scabreux*

Vientre *ventre*

Villano *rustre, vilain*

Visera *visière*

Vista *vue*

Vivo *vif*

Voces *cris*

Lexique

Volandas (en) *en l'air*

Volar *voler*

Volaterías *voleries*

Voltear *faire tourner*

Volver *revenir, transformer*

Yantar *manger*

Yedra *lierre*

Yegua *jument*

Yerno *gendre*

Zafio *grossier*

Zuecos *sabots*

Faites de nouvelles rencontres sur pocket.fr

- Toute l'actualité des auteurs : rencontres, dédicaces, conférences...
- Les dernières parutions
- Des 1ers chapitres à télécharger
- Des jeux-concours sur les différentes collections du catalogue pour gagner des livres et des places de cinéma

POCKET

Un livre, une rencontre.

Composition : DÉCLINAISONS
et Atelier JOMI

Imprimé en France par CPI
en juin 2017

POCKET - 12, avenue d'Italie - 75627 Paris Cedex 13

N° d'impression : 2030617
Dépôt légal : juin 2007
Suite du premier tirage : juin 2017
S16922/07